名师名校名校长

凝聚名师共识
固定名师关怀
打造名师品牌
培育名师群体

趣动龙舟

番禺区东乡幼儿园龙舟文化
特色课程

何顺意 / 主编

中国出版集团　现代出版社

图书在版编目（CIP）数据

趣动龙舟：番禺区东乡幼儿园龙舟文化特色课程 /
何顺意主编. — 北京：现代出版社，2022.9

　　ISBN 978-7-5143-9964-6

Ⅰ. ①趣… Ⅱ. ①何… Ⅲ. ①龙舟竞赛－中国－学前

教育－教学参考资料 Ⅳ. ①G613.7

中国版本图书馆CIP数据核字（2022）第166016号

趣动龙舟：番禺区东乡幼儿园龙舟文化特色课程

作　　者　何顺意
责任编辑　袁　涛
出版发行　现代出版社
地　　址　北京市安定门外安华里504号
邮政编码　100011
电　　话　010-64267325　64245264
网　　址　www.1980xd.com
印　　制　北京政采印刷服务有限公司
开　　本　710mm×1000mm　1/16
印　　张　11.75
字　　数　188千字
版　　次　2022年9月第1版　　2022年9月第1次印刷
书　　号　ISBN 978-7-5143-9964-6
定　　价　68.00元

编 委 会

目 录

小班

龙舟精神

龙舟寻源

龙舟乡俗

龙 舟 探 秘

活动1 我有一个发现

活动目标	1. 通过观察龙舟发现龙舟的基本特征。 2. 通过游戏活动提高幼儿的观察能力及口语表达能力。 3. 激发幼儿对龙舟探索的兴趣		
涉及领域	健康 **语言** 社会 科学 艺术	**课时**	15min
活动准备	龙舟的图片（根据实际情况，带幼儿到实地观察，开展活动）		
重点区域	语言区：通过观察，引导幼儿用语言表达其发现的龙舟的基本特征		
过程环节			**时长参考**
环节一：依次展示龙舟图片，激发幼儿观察的兴趣 活动导入，出示图片，引导幼儿观察龙舟图片。 小朋友们，这艘龙舟上面藏着不少有趣的秘密，今天我们要变身成小小观察员。睁大眼睛，仔细瞧瞧，看看你有什么发现呢？ 小朋友观察这两张图片，你能说出它是龙舟的哪个部位吗			2min
环节二：借助击鼓传龙舟游戏，引导幼儿说出自己的发现 1. 教师讲解游戏规则，引导幼儿理解具体玩法。 大家是不是都认真观察清楚了？但你的小发现先不要说出来。待会儿老师会和大家一起玩一个"击鼓传龙舟"的游戏。请大家围成一个圈，当鼓声响起来时，大家依次传递龙舟图片；当鼓声停下来时，龙舟图片落到哪位观察员手中，他就说出自己的一个小发现。大家准备好了吗？ 2. 教师组织开始游戏，过程中可适当进行提醒和引导			10min
环节三：活动小结 教师带领大家简单总结所发现的龙舟的基本特征。 我们一起来总结一下今天观察到的龙舟有哪些基本特征。 龙舟由几部分组成？分别是什么？ 龙头是什么颜色的？ 龙身上面有哪些颜色？它是什么形状的？ 龙舟桨有几种颜色			3min

 活动建议

1. 教师备课时要熟悉游戏规则，游戏时要及时提醒幼儿注意纪律和安全。

2. 教师要熟悉龙舟的基本特征，对于幼儿的发现，哪怕很细小，也要表示鼓励和肯定。

资源参考

1. 图片资源：

（1）环节———龙舟整体图片。

（2）环节———龙舟头图片。

（3）环节——龙舟桨图片。

2. 龙舟的基本特征是有龙身的船体、彩色的船身、长长的船尾巴等，可自行总结。

3. 游戏规则：击鼓传龙舟游戏的规则是数人或几十人围成圆圈坐下，其中一人拿龙舟图片（其他和龙舟相关的物品也可以），另一人背着大家或蒙眼击鼓，鼓响时众人开始依次传递图片，直至鼓停止。此时图片在谁手中，谁就要说出他/她发现的龙舟的特点，如果图片在两人手中，则两人可通过猜拳或其他方式决定谁先回答问题。

 延伸活动

语言区：将龙舟的图片投入语言区，幼儿看图说话。

亲子活动

幼儿与家人一起互相说出对龙舟有哪些发现，比比谁发现得更多。

活动2　认识龙舟

活动目标	1.初步了解龙舟的基本构成，对龙舟感兴趣。 2.提高对事物的观察能力和辨别能力。 3.增强对龙舟的兴趣，提高文化认同感		
涉及领域	健康　**语言**　社会　科学　艺术	课时	15min
活动准备	1.收集龙舟构成的图片，包括龙头、龙身、龙颈、龙尾。 2.龙舟竞赛视频，龙舟构成讲解视频		
重点区域	益智区：投放龙舟乐高或拼图，培养幼儿对龙舟的观察能力和辨认能力		

过程环节	时长参考
环节一：观看视频认识龙舟的构成 1.教师播放龙舟竞赛视频，激发幼儿的兴趣。 今天有一位朋友来到我们××班，我们一起来猜猜，它是谁呢？ 2.通过观看视频讲解龙舟的构成，引导幼儿认识龙舟的构成。 原来是威武的龙舟。刚才看了视频，谁能告诉我龙舟都由哪些部位组成	5min
环节二：辨认龙舟的构成 1.展示龙舟不同组件的图片，引导幼儿进行辨认。 谁知道这张图片是龙舟的哪个部分？ 2.进一步举例讲解龙舟的构成	3min
环节三：组织进行"龙舟放大镜"游戏 组织幼儿进行放大镜龙舟辨认的游戏。 接下来一起玩一个好玩的"龙舟放大镜"游戏，看看谁的小眼睛最厉害	7min

备课时，教师自己要清楚龙舟的基本构成。

资源参考

1. 视频资源：龙舟讲解视频。（略）

2. 图片资源：环节二——龙舟不同组件的图片（依次为龙颈、龙身、龙头、龙尾）。

3. 龙舟的构成资料。

例如，龙舟有多种样式，正规的龙舟有龙头、龙颈、龙身、龙尾。龙身半圆而长，长短不一，可容纳12对桨、16对桨、32对桨不等，最长的可容纳52对桨。龙舟分红龙、黄龙、青龙、白龙数种。龙舟由龙头、龙颈、龙身、龙尾这四部分组成。

4. 游戏规则：龙舟放大镜。

教师出示龙舟图片，通过颜色区分，让幼儿辨认什么颜色的图片分别对应什么龙舟的构成部分。幼儿通过观察图片回答问题。

第一组游戏：

（1）蓝色物品是什么？（答案：酒瓶）

（2）紫色物品是什么？（答案：帽子）

（3）三角形物品是什么？（答案：耳环）

第二组游戏：

（1）蓝色物品是什么？（答案：方向盘）

（2）紫色物品是什么？（答案：帽子）

（3）圆形物品是什么？（答案：扶手）

（4）正方形物品是什么？（答案：箱子）

第三组游戏：

（1）金色物品是什么？（答案：龙头）

（2）黄色物品是什么？（答案：龙颈）

（3）红色物品是什么？（答案：龙身）

（4）圆形物品是什么？（答案：龙舟鼓）

语言区：将龙舟构成的图片展示出来并讲给身边的同伴听。

幼儿和家人一起玩"龙舟放大镜"游戏。

活动3　亮闪闪的龙舟

活动目标	1. 通过观察，了解龙舟的各种彩绘装饰。 2. 尝试运用各种造型、图案、剪贴、添画的方式表现龙舟的细节特征，装饰龙舟。 3. 能用辅助材料丰富作品，喜欢参与手工制作的活动并乐在其中		
涉及领域	健康　语言　社会　科学　**艺术**	课时	15min
活动准备	1. 收集彩绘龙舟的图片。 2. 龙舟简笔画、无装饰的龙舟模型。 3. 装饰用的龙鳞亮片、彩色纸、毛线、冰棒棍等不同材料		
重点区域	美工区：尝试运用各种造型、图案、剪贴、添画的方式表现龙舟的细节特征，装饰龙舟并进行展示		
过程环节			**时长参考**
环节一：出示龙舟图片，引起幼儿兴趣 展示图片，引导幼儿观察龙舟的特征。 小朋友们，老师看着这两幅图上的龙舟，总觉得不太一样！你们能帮老师看看有什么不一样吗			2min
环节二：学习装饰龙舟要点 欣赏了这么多好看的龙舟，老师也准备了没有装饰的龙舟。 展示各种材料，鼓励幼儿装饰与图片中不一样的龙舟。 我们可以用鳞片来装饰龙舟的哪个部分？ 可提示幼儿是龙舟的身体，还可以把彩卡纸剪成不同的形状。 我们可以把毛线剪成不同的长度，把这些毛线粘贴在龙舟头部的哪里更合适？可以用来装饰龙须吗？ 还有，冰棒棍长长的，用来装饰什么会更好看呢？ 教师可进行适当提醒，例如："大家想想，这些冰棒棍像不像龙舟的船桨？如果给它们涂上不同颜色、画上图案，就变成一支支好看的船桨了！"			3min
环节三：装饰亮闪闪的龙舟 幼儿动手制作亮闪闪的龙舟，教师巡视指导。 小朋友，发挥你的想象力去制作亮闪闪的龙舟吧			8min
环节四：活动小结 幼儿展示作品，讲述自己制作亮闪闪的龙舟的经验。 小朋友，你们装饰的亮闪闪的龙舟都非常漂亮，谁来分享一下自己制作的过程			2min

教师备课时要熟悉装饰龙舟的方法，记录装饰的关键点，也可以自己创新一些装饰龙舟的方法应用在教学活动中。

图片资源：

（1）环节一——导入图片。

（2）环节三——展示材料。

艺术：将作品拿到美工区进行展示。

幼儿和家人一起装饰龙舟。

活动4　龙舟变变变——画龙舟

活动目标	1. 初步了解龙舟，学会用不同的线条（曲线、波浪线）画出龙舟。 2. 提高幼儿手部精细动作能力，促进幼儿肌肉的发展，增强幼儿手腕控制能力。 3. 激发幼儿对画龙舟的兴趣		
涉及领域	健康　语言　社会　科学　艺术	课时	15min
活动准备	1. 线条画的龙舟图片。 2. 画笔、白纸。 3. 绘画线条龙舟的卡通视频		
重点区域	美工区：了解龙舟可以用简单线条画出来，知道可以用波浪线、曲线画出龙舟的船身		

过程环节	时长参考
环节一：播放绘画线条龙舟的卡通视频，引起幼儿兴趣 今天线条姐姐要跟我们玩游戏，一起来看看她给我们带来什么惊喜呢？ 原来是龙舟。你们知道这艘龙舟跟我们平常看到的有什么不同吗	2min
环节二：指导幼儿学习用不同的线条绘画 1. 出示线条画的龙舟的图片，进行引导提问。 大家刚才观察的图片是用线条画出来的龙舟，想一想，我们还可以用什么样的线条画龙舟？ 2. 请幼儿根据自己想到的线条，在展板上画出来。 3. 教师规范波浪线、曲线的画法	4min
环节三：幼儿尝试用波浪线、曲线画龙舟 我们一起来试一试用这些线条画龙舟吧	8min
环节四：作品分享 幼儿体验画龙舟的乐趣并展示自己的作品。 我们拿着自己画的龙舟来展示一下吧	1min

活动建议

　　教师备课时要熟悉用线条画龙舟，并把用线条画龙舟的方法记录下来应用在教学活动中。

资源参考

　　1.视频资源：画龙舟视频。（略）

　　2.图片资源：

　　（1）环节一——线条龙舟导入图片。

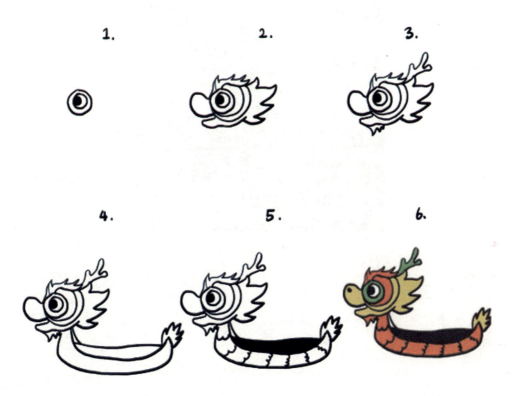

（2）环节二——曲线龙舟图片。

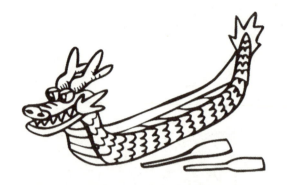

艺术：发挥幼儿想象力，用不同的线条，如波浪线、曲线、直线画出形态各异的龙舟。

幼儿向家人展示自己画的龙舟。

活动5 龙舟变变变——折龙舟

活动目标	1. 初步认识纸张的形状及变化，知道纸张的折叠方法。 2. 尝试按要求折出船的形状，简单地粘贴龙头。 3. 喜欢参与折纸活动		
涉及领域	健康 语言 社会 科学 **艺术**	**课时**	15min
活动准备	1. 龙舟的图片。 2. 折龙舟的纸张。 3. 折好的龙舟以及折龙舟的解析图		
重点区域	美工区：喜欢参与折纸活动，对龙舟产生兴趣，想要了解龙舟		
过程环节			**时长参考**
环节一：出示折好的龙舟实物，激发幼儿兴趣 小朋友们，老师手上拿的是什么呀？是的，是一艘折纸龙舟。 你们想不想自己折一艘龙舟			1min
环节二：出示折龙舟的解析图，观察学习龙舟折法 1. 引导幼儿观看教学视频。 小朋友，我们看看视频中是怎样折龙舟的，大家要认真观看哦！ 2. 引导幼儿观察龙舟解析图。 请幼儿认识虚线、实线，知道虚线是用来对折的。 幼儿先观察教师折龙舟。 3. 出示折龙舟的解析图，幼儿同步学习折龙舟的方法，每完成一个步骤，教师进行关注和指导。 小朋友与老师一起折龙舟			12min
环节三：整理折好的龙舟，进行展示 师幼共同整理折好的龙舟。 大家看看自己折的龙舟和老师折的一样吗？哪艘更好看			2min

活动建议

1. 龙舟的折法有几种，本书采用的折法是比较简单的一种，如果教师知道更简单的折龙舟的方法，也可以替换或更改。

2. 教师备课时一定要练习折龙舟并将方法熟记于心，应用在教学活动中。

资源参考

1. 视频资源：手工折龙舟教学视频。（略）

2. 图片资源：环节二——龙舟折纸解析图。

长边沿着中线对折，折出一条折痕

选择短边一头，折出米字形折痕。上下两边向中间合拢，同时左边向右对折，形成一个三角形

将两个尖角部分对折并向中间合拢

下层沿着折痕向中线折叠

三角形尖头往后折

三角形尖头上的两个三角尖来回折三次

两个长边向中线对齐折叠

尾部打开，两个角向中间折叠，形成一个尖角

拉着尾部向上提，向中间合拢，龙舟的基本形状就折好了

拉开纸龙舟两边，把中间
凸起来的部分按下去

纸龙舟折好了

艺术：将作品拿到美工区进行展示。

幼儿和家人一起折龙舟。

龙舟精神

活动1　小眼睛大发现

活动目标	1. 说说身边发现的龙舟元素。 2. 初步感受身边的浓厚龙舟文化。 3. 提高幼儿的观察能力及表达能力			
涉及领域	健康　**语言**　社会　科学　**艺术**		课时	15min
活动准备	1. 幼儿园与龙舟文化相关的图片。 2. 彩笔。 3. 画纸			
重点区域	语言区：投放与龙舟文化相关的图片，让幼儿与同伴分享，说说自己的发现			
过程环节				**时长参考**
环节一：谈话导入，引出主题 教师提问，激发幼儿思考的欲望。 有位小朋友说在幼儿园发现了一艘大龙舟，你们知道这艘龙舟在哪儿吗？ 除了在操场上见到了龙舟以外，我们还在哪些地方看见过龙舟呢				3min
环节二：借助龙舟的图片，进行回想 教师出示图片，进行提问。 请看看这几张图片，你们记得是在哪里看过吗？ 其实，我们寻找的龙舟除了实物的龙舟以外，也可能是龙舟的画、龙舟的图案、龙舟的工具等				8min
环节三：说说自己所发现的龙舟的痕迹 谁能说说生活中在哪里可以发现与龙舟相关的物品呢？ 在幼儿园里、家里、村里……你有发现吗？ 其实龙舟离我们并不遥远，很多时候就藏在我们身边，大家平时多留意一下，就会有很多有趣的发现哦				4min

活动建议

1. 教师在备课时要去观察、记录幼儿身边有哪些地方出现了龙舟文化，在活动中可以进行适当的提醒。

2. 教师备课时可以将这些体现龙舟元素或龙舟文化的地方/物品进行拍照，应用在教学活动中。

资源参考

图片资源：环节二——幼儿园与龙舟文化相关的图片。

延伸活动

艺术：将自己的发现通过各种形式展示在美工区。

亲子活动

幼儿在家人的陪同下寻找身边的龙舟文化。

1" />

活动2　龙舟划呀划

活动目标	1. 知道划龙舟的动作。 2. 愿意克服困难并坚持活动，增强手和腰部的力量。 3. 享受营造游戏情景的快乐		
涉及领域	健康　语言　社会　科学　艺术	课时	20min
活动准备	1. 船桨、凳子。 2. 音乐		
重点区域	角色表演区：一起划龙舟，进行龙舟故事、龙舟表演的创作		
过程环节			时长参考
环节一：热身活动导入，激发幼儿兴趣 教师播放热身活动音乐，带领幼儿进行热身活动。 运动员在参加运动前要做什么准备？ 今天我们要一起学习划龙舟，我们先来做热身运动吧			2min
环节二：初识划船桨的动作 出示船桨，让幼儿学习划龙舟的动作。 小朋友们，你们看老师手上拿的是什么？ 谁能正确地做划桨的动作呢？请小朋友来示范一下。 教师对幼儿的动作给予正确的指导。 大家要认真观察老师手持船桨划船的动作，双手握船桨时要一高一低，高的手要握住船桨的顶部，通过腰部的力量前后移动身体和船桨，划呀划			3min
环节三：幼儿分组进行练习 请幼儿分组坐上龙舟，练习划龙舟。 教师巡视，关注幼儿划船的动作是否准确，给予指导			10min
环节四：愉快地划龙舟 练习熟练后，组织各小组集体练习，动作整齐划一，享受划龙舟的乐趣。 大家一起，跟着老师的口令开始划桨，1、2，1、2，1、2，…… 播放音乐，根据音乐节奏进行练习			5min

番禺区东乡幼儿园龙舟文化特色课程

活动建议

1. 教师在备课时要练习划龙舟的动作，把动作要领和注意事项记录下来，并应用在教学活动中。

2. 课前热身运动可以选择每天幼儿做的健康操。

资源参考

音频资源：《竹兜欢乐跳》。（略）

延伸活动

体育活动：在户外活动时组织划龙舟活动，自选活动时，让幼儿选择用不同的方式、不同的材料来划龙舟。

亲子活动

幼儿向家人演示划龙舟的动作要领。

活动3　旱地彩虹龙舟

活动目标	1. 知道划龙舟可以有多种形式，理解龙舟活动的团队合作力量。 2. 通过肢体的运动，提高身体的协调能力。 3. 在活动中培养集体精神，感受合作的乐趣			
涉及领域	**健康**　语言　社会　科学　艺术		课时	20min
活动准备	彩虹长布条两条，鼓一个，划龙舟的音乐			
重点区域	体育活动：坐在布上，利用双脚使身体前进，培养身体与脚动作的协调性			

过程环节	时长参考
环节一：热身运动，切入主题 教师组织幼儿进行热身运动，模仿划龙舟时的相关动作，如打鼓、划船等。在这个过程中运动全身，如抬腿、伸手、弯腰等。 今天我们要进行一个有趣的活动——快乐的旱地龙舟，在活动前，我们要先活动一下身体。 让我们跟着快乐的音乐热身吧	3min
环节二：听音乐，引发幼儿的猜想 让我们来听一段音乐，看谁的耳朵最灵敏。 小朋友们在音乐中听到人们都在干什么（幼儿自由回答）	3min
环节三：出示彩虹长布条，引导幼儿自主探索 老师有两条彩虹长布条，你能想出我们可以怎样划龙舟吗？ 1. 教师请幼儿坐在彩虹龙舟上。 想一想要怎样才能使龙舟前行？如果我们一组的小朋友都坐到彩虹龙舟上，我们要注意什么？怎样才能划得快呢？ 2. 教师让幼儿在旱地彩虹龙舟上先探索，根据幼儿游戏情况给予指导。	7min

续 表

过程环节	时长参考
教师小结： 划龙舟时，我们要先坐下来双脚伸直，双手握住彩虹长布的两边，跟着节奏向前移动双脚后，迅速向前移动屁股，像毛毛虫一样一伸一缩，动作要协调，要有节奏。彩虹旱地龙舟就是靠小朋友们共同移动双脚和身体向前行驶的	7min
环节四：旱地彩虹龙舟大赛 请各小组的旱地彩虹龙舟在音乐中动起来吧！ 1. 听音乐，先让幼儿自由前行，在玩中掌握动作要领和增强团队合作能力。 2. 出示大鼓，让幼儿听鼓声，进行动作技能的训练，掌握熟悉后再进行比赛。 3. 放松运动，小结本次活动	7min

活动建议

    1. 教师在备课时要练习划龙舟的动作，把动作要领和注意事项记录下来，并应用在教学活动中。

    2. 幼儿在练习时，教师需时刻关注幼儿安全，因小班幼儿年龄较小，需要三位教师在场。

资源参考

    音频资源：划龙舟音乐。（略）

延伸活动

    健康：在户外活动时可以开展形式多样的快乐旱地龙舟活动。

亲子活动

    幼儿园可组织亲子快乐旱地龙舟，让幼儿和家人一起体验。

活动4 龙舟鼓咚咚响

活动目标	1. 初步感受赛龙舟的活动。 2. 在活动中正确使用工具，培养节奏感。 3. 能用工具表达自己对音乐的感受，体验合作演奏的乐趣		
涉及领域	健康 语言 社会 科学 **艺术**	课时	15min
活动准备	1.《赛龙舟》音频。 2.大鼓一个，鼓乐器若干		
重点区域	表演区：学习用鼓乐器进行演奏，体验合作演奏的乐趣		
过程环节			**时长参考**
环节一：播放视频，感受音乐 播放赛龙舟的视频和音乐，幼儿通过观看视频和倾听音乐用多种感官理解乐曲，感受乐曲热烈、欢腾的气氛。 小朋友，我们先来听一段音乐。 刚刚听到的音乐是活泼的还是安静的？你还听到了什么			3min
环节二：自由体验鼓乐器敲打 教师出示鼓乐器，邀请幼儿进行敲打体验。 赛龙舟时我们的鼓声是怎样响的呢？咚咚咚……有节奏吗？ 可以请幼儿多练习，感受一下鼓的节奏			5min
环节三：跟随音乐节奏进行敲打 教师带领幼儿跟随音乐有节奏地进行敲打，体验演奏的乐趣。 让我们一起试试跟着音乐敲打龙舟鼓，大家要注意听清楚音乐的节拍，跟着节奏来敲打。 教师根据幼儿掌握的情况给予及时的指导。 现在我们一起来进行龙舟鼓咚咚响的演奏表演，预备，起			7min

 活动建议

1. 教师要熟记《赛龙舟》音乐旋律，并可以配合音乐打鼓，这需要教师对节奏有较强的掌握能力，需要多加练习。

2. 有条件的可以请教专业的音乐教师。

资源参考

音频资源：赛龙舟视频。（略）

延伸活动

角色表演区：投放龙舟鼓等相关材料，让幼儿表演龙舟鼓咚咚响。

亲子活动

幼儿和家人利用其他物品模拟敲鼓，如桌子、盆等。

活动5　我是小小龙舟手

活动目标	1. 知道在划龙舟比赛中每位运动员都是很重要的。 2. 在活动中提高划龙舟的技能技巧。 3. 借助游戏模拟划龙舟比赛，感受赛龙舟齐心协力的氛围		
涉及领域	健康　语言　社会　科学　艺术	课时	20min
活动准备	皮球等可以进行搬运的小物品		
重点区域	体育活动：知道在划龙舟比赛中每位运动员的重要性，感受赛龙舟齐心协力的氛围		
过程环节			时长参考
环节一：视频导入，引发幼儿兴趣 小朋友，今天老师带来一段视频，你们观察一下他们在做什么。 大家看到龙舟比赛中每位运动员拼命向前冲向终点的情景觉得他们厉害吗？ 你想成为这样的运动员吗			3min
环节二：担任小小龙舟手，进行游戏体验 1. 讲解游戏规则，教师边讲解边示范，也可以请幼儿示范。 2. 自由练习后听口令进行游戏活动，教师提醒幼儿在游戏过程中要注意安全。 3. 分小组进行比赛，感受齐心协力向前冲的氛围。 4. 教师根据幼儿活动情况，增加材料，提高游戏难度			16min
环节三：活动小结 在活动中，你觉得自己哪里表现得最棒？ 龙舟比赛需要每个人齐心协力冲向终点，而老师刚刚看到每个小朋友的表现都很棒，大家都很努力地和自己的伙伴一起合作向前冲，大家都是优秀的小小龙舟手			1min

活动建议

教师备课时要熟记游戏规则，跟其他教师相互配合，在组织游戏时提醒幼儿注意安全。

资源参考

1. 视频资源：划龙舟比赛视频。（略）

2. 游戏资源：小小龙舟手（游戏改自蚂蚁排队走）。

游戏规则：幼儿每三人一组，扮成龙舟手（第一名幼儿站立，两手做触角扮成龙舟；第二、第三名幼儿分别弯腰，双手抱住前面幼儿的腰）；每组幼儿排好队走，所有"龙舟手"合作从起点到终点，看哪队最快抵达终点。

第一轮游戏：平地向前走。

第二轮游戏：搬运物品（如皮球），第二、第三名幼儿将皮球夹在手臂上，双手拉着前面幼儿的衣服，弯腰向前走或蹲走（视幼儿的掌握情况而定）。

延伸活动

健康：延伸关于小小龙舟手游戏的不同玩法。

亲子活动

幼儿和家长一起玩小小龙舟手的游戏。

龙舟寻源

番禺区东乡幼儿园龙舟文化特色课程

活动1　你好，龙舟

活动目标	1. 初步认识龙舟，对龙舟的基本结构感兴趣。 2. 认识各种常用的颜色并能区分，尝试给龙舟填色。 3. 乐于绘画，能在丰富的色彩想象中陶冶情趣			
涉及领域	健康　语言　社会　科学　**艺术**		课时	15min
活动准备	1. 收集龙舟的图片。 2. 彩笔。 3. 白纸			
重点区域	美工区：尝试给龙舟填色，表达丰富的色彩想象			
过程环节				**时长参考**
环节一：图片展示初识龙舟 活动导入，出示图片引导幼儿观察和了解龙舟的外形特征。 小朋友们，今天老师给你们带来了一位新朋友，我们一起来认识它吧！ 出现在屏幕图片上的就是我们今天要认识的新朋友。 谁知道它是什么				2min
环节二：观察龙舟的外观 组织幼儿观察龙舟，鼓励幼儿说出自己的发现和想法。 我们一起来仔细观察一下龙舟，你发现了什么？ 它像什么？ 谁知道它是用来做什么的				2min
环节三：画一画你认识的龙舟 1. 引导幼儿动手画龙舟。 看看屏幕中龙舟的图片，你们能不能也画一艘自己的龙舟呢？ 一起来画一画吧！大家想一想，都能用哪些颜色画出我们的小龙舟！ 2. 幼儿尝试画龙舟，教师巡视指导				10min
环节四：作品分享 一起欣赏作品，体验画龙舟的乐趣，幼儿分享，教师小结。 你最喜欢哪一幅作品，为什么				1min

1. 教师备课时要学习龙舟的画法，可以学两种以上的画法，这样便于在教学中指导幼儿画龙舟。

2. 教师也可以将自己画的龙舟展示给幼儿，导入或教学画龙舟前都可以，教师可根据自己的教学情况安排。

3. 画龙舟的图片，教师可以自行打印出来展示给幼儿，也可以自己画一两幅用于教学。

资源参考

图片资源：

（1）环节——龙舟导入图片。

（2）环节二——画的龙舟的图片。

艺术：将作品拿到美工区进行展示。

幼儿把自己画的龙舟带回家向家人展示。

活动2 赛龙舟的由来

活动目标	1. 聆听与龙舟相关的故事，知道赛龙舟的由来。 2. 通过故事了解赛龙舟，提高幼儿的表达能力。 3. 在聆听中培养幼儿对故事的欣赏能力，提高幼儿的理解能力		
涉及领域	健康 **语言** 社会 科学 艺术	课时	15min
活动准备	1. 端午节相关图片。 2. 赛龙舟场景图片		
重点区域	语言区：将绘本涉及的图片素材投放到活动区域供幼儿认识与讨论		
过程环节			**时长参考**
环节一：出示图片并了解图片内容 活动导入，展示代表端午节节日气氛的图片，引导幼儿观察并说出图片的内容。 小朋友们，观察图片，看一看老奶奶们在做什么，谁来分享呢			3min
环节二：听故事知龙舟的由来 讲述绘本故事《赛龙舟》，引导幼儿通过故事了解龙舟的由来。 小朋友们，我们一起听一听赛龙舟这个故事。 听完故事后，你能说说龙舟是怎么来的吗？ 原来龙舟不是本来就有的，而是为了纪念神龙的保佑，所以在神龙升天这一天，举行赛龙舟活动，表示庆贺。而这一天也是我们的端午节			10min
环节三：课堂小结 我们今天通过故事知道了龙舟是怎么来的，你还知道哪些关于龙舟的故事呢？也可以和大家分享哦			2min

1. 教师在备课时要熟记故事内容，便于活动时讲解。

2. 讲解故事《赛龙舟》时可以配上图片信息，便于幼儿理解。

资源参考

1. 图片资源：

（1）环节一——龙舟导入图片。

（2）环节二——赛龙舟图片。

2.《赛龙舟》儿童故事讲解。

赛龙舟是端午节的主要习俗。相传，端午节起源于古时楚国人因舍不得贤臣屈原投江死去，许多人划船追赶拯救。他们争先恐后，追至洞庭湖时已不见屈原的踪迹。之后，每年五月初五，人们划龙舟来纪念屈原。人们借划龙舟驱散江中之鱼，以免鱼吃掉屈原的身体。还有龙舟竞渡的习俗，盛行于吴国、越国、楚国。其实，龙舟竞渡早在战国时期就有了。在击鼓声中划刻成龙形的独木舟，做竞渡游戏，是祭仪中半宗教性、半娱乐性的节目。后来，赛龙舟除纪念屈原之外，在各地，人们还赋予了其不同的形式。

龙船竞渡前，先要请龙、祭神。例如，广东龙舟，在端午节前要从水下起出，人们祭过在南海神庙中的南海神后，给龙舟安上龙头、龙尾，再准备竞渡，并且买一对纸制小公鸡置于龙船上，认为可保佑船平安。

延伸活动

语言：幼儿收集一张关于端午节的图片，并分享图片内容。

亲子活动

幼儿把龙舟的由来分享给家人。

活动3　多彩的龙舟

活动目标	1. 运用画、贴等多种方式装饰龙舟。 2. 通过观察龙舟装饰，感知龙舟的绚丽多彩。 3. 尝试装饰龙舟，并享受其中的乐趣		
涉及领域	健康　语言　社会　科学　**艺术**	**课时**	15min
活动准备	1. 龙舟的美术作品图片。 2. 准备装饰龙舟的彩色贴片		
重点区域	美工区：幼儿尝试装饰龙舟的各种方法，体验制作的乐趣		
过程环节			**时长参考**
环节一：出示龙舟图片，激发幼儿兴趣 活动导入，展示简单线条的龙舟图片。 小朋友们，这跟我们平时看到的龙舟有什么不同？ 你们喜欢这艘龙舟吗？为什么呢？ 如果想让这艘龙舟变漂亮，你会怎么做呢？ 鼓励、引导幼儿说说装饰龙舟的方法			3min
环节二：组织幼儿装饰龙舟 教师引导幼儿通过不同的方式画、贴装饰龙舟。 小朋友们，看看老师装饰的这条彩龙，你们知道是怎么做的吗？ 老师今天准备了很多材料，我们一起来装饰出我们喜欢的龙舟吧			10min
环节三：展示多彩的龙舟 一起欣赏作品，体验装饰龙舟的乐趣，师幼简单点评。 在大家的努力下，每一艘龙舟都穿上了好看的新衣服，你最喜欢哪一艘，为什么			2min

活动建议

　　教师在备课时要学会装饰龙舟的方法，可以运用画、贴等方式装饰龙舟，也可以自己探索新的装饰方法应用在教学中。

资源参考

　　图片资源：环节一——龙舟导入图片。

延伸活动

　　艺术：将幼儿的作品拿到美工展览区进行展示。

亲子活动

　　幼儿和家人一起搜索不同特色的龙舟进行欣赏。

活动4　端午初体验

活动目标	1. 学习关于端午节、屈原的故事。 2. 知道端午节有划龙舟、包粽子等习俗活动。 3. 对传统节日端午节产生兴趣		
涉及领域	健康　语言　社会　科学　艺术	课时	15min
活动准备	1. 端午节相关的图片。 2. 屈原故事的相关视频		
重点区域	语言区：初步了解端午节的来历以及习俗，激发幼儿对传统文化的认知和了解		
过程环节			**时长参考**
环节一：出示图片，初识端午节 活动导入，出示图片引导幼儿了解端午节的活动。 小朋友们，看看这三张图片，谁能说说他们都在做什么？ 你们觉得哪个节日会做这些事情呢			2min
环节二：播放故事《端午节》，认识端午节和屈原 播放视频故事，让幼儿了解端午节的来源。 刚刚故事中出现的一个人物，叫屈原。 展示屈原人物图片。 这位就是故事中所提到的屈原。他是楚国的一名爱国诗人，在五月初五这一天跳汨罗江以死报国，后来，人们把五月初五作为端午节纪念屈原			10min
环节三：分享端午节的活动 鼓励幼儿分享自己了解的端午节特色活动，教师进行简单介绍。 端午节是我国传统节日，划龙舟、包粽子都是大家很熟悉的节日活动。除了划龙舟、包粽子以外，还有哪些好玩的活动呢？大家可以说一说哦			3min

故事有点长，教师可以简化故事，用自己擅长的或幼儿易于理解的方式把故事讲出来。

1. 图片资源：

（1）环节一——端午节导入图片。

（2）环节二——屈原图片。

2.《端午节》故事。

农历五月初五，俗称端午节，是华人夏季最盛大的传统节日，和春节、中秋节并列为华人传统三大节日。五月五日，月与日同为五，故古时也称重五，与九月九日称重九之意相同。古人也把"午时"当作"阳辰"，所以端午也有"端阳"之称。明清时期，北京一带也把端午节称作"女儿节"或"五月节"。端午节起源的说法有好几种，其中以纪念两千多年前投汨罗江的诗人屈原说最为流传。屈原是楚怀王时的大臣，备受楚怀王重用。此举引起上官大夫及令尹子兰的嫉妒，他们诽谤屈原，离间楚王和屈原之间的关系。楚王逐渐疏远屈原，甚至将屈原放逐。眼见楚国面临绝境，因谗臣误国，将为秦国所灭，屈原满怀悲愤，在写下了绝笔《怀沙》后，怀石投汨罗江自尽。屈原死后，楚国的百姓哀痛非常，涌至汨罗江边凭吊屈原。渔夫们也撑起了船只，在江上打捞屈原的身体。他们还把粽子、鸡蛋等食物往江里面丢，希望喂饱鱼虾不让它们夺食屈原的身体。还有老医师拿了雄黄酒倒进江里，希望药晕江里的蛟龙。据说，当时水面上浮起了一条昏晕的蛟龙，龙须上还沾着一片屈大夫的衣襟。人们就把这条恶龙拉上岸，抽了筋，把龙筋缠在孩子们的手上和脖子上，又用雄黄酒抹孩子的七窍，使那些毒蛇害虫都不敢来伤害孩子。因为屈原投江那天是五月初五，从此以后，每年的这一天，人们便要划龙舟、吃粽子、喝雄黄酒来纪念屈原，甚至还在这天到来时，把菖蒲或艾草插在门上。

语言：幼儿分享故事、端午节活动。

幼儿和家人一起分享端午节有趣的活动。

活动5　我是一个小粽子

活动目标	1. 认识粽子的形状。 2. 幼儿通过想象大胆尝试画粽子。 3. 培养幼儿的观察力与创造力，提高幼儿绘画的兴趣		
涉及领域	健康　语言　社会　科学　**艺术**	课时	15min
活动准备	1. 不同形状粽子的图片。 2. 彩笔、画纸		
重点区域	美工区：幼儿自己想象设计，尝试画粽子。培养幼儿的观察力与想象力		
过程环节			时长参考
环节一：猜谜语，初识粽子 小朋友们，今天老师带来了一位朋友，你们猜猜它是谁？ 谜语：四角尖尖草束腰，热水锅中走一遭，台前遇着唐三藏，上岸剥得赤条条。 谜语：两片绿叶把米装，小绳一绑真漂亮。（两者任选其一即可）			2min
环节二：认识粽子的形状 出示图片，通过观察引导幼儿说说粽子的特点。 这里有两个粽子，你觉得它们有什么不同呢？谁能和我们说一说			3min
环节三：画一画 引导幼儿根据观察的粽子的特点，画粽子。 刚才我们认识了两个不一样的粽子朋友，我们一起画一画吧！要注意把它们的特征画出来哦			8min
环节四：展示作品 幼儿展示自己画的小粽子，师幼互相欣赏			2min

活动建议

教师备课时学习画粽子的方法，也可以在活动中展示自己画的粽子给幼儿启示。

资源参考

图片资源：环节二——粽子图片。

延伸活动

艺术：将幼儿的画作拿到展示区进行展示。

亲子活动

幼儿分享粽子谜语让家人猜一猜。

龙舟乡俗

活动1 精彩的龙舟竞渡

活动目标	1. 了解龙舟竞渡的特点，知道龙舟竞渡是一项集体性的活动。 2. 掌握龙舟竞渡中简单的基本动作，提高身体的灵活性。 3. 乐于参与活动，体验团队合作		
涉及领域	健康 语言 社会 科学 艺术	课时	15min
活动准备	1. 赛龙舟视频。 2. 游戏道具。 3. 与游戏相关的音乐		
重点区域	健康区：知道龙舟竞渡是一项集体性的活动，体验团队合作		
过程环节			时长参考
环节一：教师播放视频，引导幼儿认识赛龙舟 教师播放赛龙舟视频，让幼儿了解这项活动。 你们知道视频中的人在干什么吗？ 这是精彩的龙舟竞渡现场，也就是赛龙舟活动，是每年端午节都会举办的一项体育活动			2min
环节二：教师讲解游戏"龙舟竞渡"，幼儿学习口令与对应动作 1. 教师讲解游戏规则。 小朋友们，你们参与过龙舟竞渡的游戏吗？我们先一起来学习划龙舟时需要掌握的一些本领。 划龙舟要掌握哪些本领？ 可请幼儿示范。 2. 教师根据幼儿的动作进行指导。规范对应动作后邀请幼儿进行体验，强化动作要领。 好，下面我们就正式开始游戏了			5min
环节三：教师组织进行游戏 分小组进行游戏，在幼儿熟悉游戏后加入音乐，以提高幼儿游戏的兴趣，可根据时间情况多玩几轮			8min

活动建议

教师备课时要熟记游戏规则，与其他教师相互配合，在组织游戏时提醒幼儿注意安全。

资源参考

1. 视频资源：龙舟竞渡。（略）

2. 游戏规则：幼儿分小组后每组站成一排（每个人留有50厘米的空隙），根据教师的口令指示做出动作。口令：彩龙竞渡在划桨（幼儿划桨的动作）。彩龙竞渡在敲鼓（幼儿敲鼓的动作）。彩龙竞渡在加油（幼儿加油的动作）。彩龙竞渡在冲刺（幼儿冲刺的动作）。彩龙竞渡在欢呼（幼儿欢呼的动作）。（幼儿依次完成指定动作算过关。教师可根据幼儿情况自行制定动作）

延伸活动

健康：在户外活动时将游戏融入活动。

亲子活动

幼儿与家人分享口令和动作，一起玩游戏。

活动2　你吃过龙舟饭吗

活动目标	1. 了解龙舟饭的来历，知道吃龙舟饭是珠三角地区人们的大聚餐，对家乡的节日、传统文化产生兴趣。 2. 能简单说出自己吃龙舟饭的故事，提高语言表达能力。 3. 丰富幼儿对传统文化的情感		
涉及领域	健康　**语言**　社会　科学　艺术	课时	15min
活动准备	《吃龙舟饭》视频		
重点区域	语言区：了解龙舟饭的来历与习俗，对家乡的节日、传统文化产生兴趣		
过程环节			时长参考
环节一：播放视频初识龙舟饭 教师播放视频《吃龙舟饭》，引导幼儿感受吃龙舟饭的热闹。 小朋友，接下来我们看一段视频，认真观察一下，视频中的人们在干什么？ 视频中吃饭的场景你看过吗？在哪里看过？和我们平时吃饭有什么不一样呢			5min
环节二：了解家乡做龙舟饭的习惯 通过讲解让幼儿知道家乡有吃龙舟饭的习惯。 我们刚才看了《吃龙舟饭》，其实，我们的家乡也有吃龙舟饭的习俗，你们知道吗？ 龙舟饭其实最开始是专门给划龙舟的人吃的，让他们吃了后划龙舟特别有力气，后来就开始邀请一些观众一起吃，最后演变成端午节的一种仪式。人们聚集起来，热热闹闹。吃过龙舟饭寓意着身体健康、来年风调雨顺			5min
环节三：分享吃龙舟饭的经历 请幼儿说说自己吃龙舟饭的经历。 谁吃过龙舟饭呢？能和我们分享一下吃龙舟饭的故事吗			5min

活动建议

教师要熟悉教学内容，可以用有趣生动的形式讲讲特色龙舟饭。

资源参考

1. 视频资源：《吃龙舟饭》。（略）

2. 龙舟饭来历：龙舟饭是广东珠三角地区的传统民俗文化，是当地农民的大聚餐，是传统的节日活动项目之一。据说，龙舟饭最早主要是给划龙舟的运动员吃，让他们吃了后划船特别有力气。

延伸活动

语言：幼儿同伴之间互相说说认识的特色龙舟饭美食。

亲子活动

幼儿向家人分享为什么会有龙舟饭。

活动3　谈谈你认识的龙舟饭

活动目标	1. 初步了解龙舟饭的寓意，知道吃龙舟饭意味着在新的一年中生活可以变得美满如意。 2. 能初步掌握吃饭的生活礼仪。 3. 感受家乡传统的节日气氛，激发幼儿热爱家乡之情		
涉及领域	健康　**语言**　社会　科学　艺术	课时	15min
活动准备	收集龙舟饭的图片、视频		
重点区域	语言区：引导幼儿了解龙舟饭的寓意并用自己的理解说一说		
过程环节			**时长参考**
环节一：图片展示，了解龙舟饭寓意 1. 教师出示图片，激发幼儿进行思考。 小朋友们，图片上的人在做什么？ 它和我们平时吃的饭有些不一样，但你知道为什么要吃龙舟饭吗？ 2. 鼓励幼儿说说自己的想法。教师可以结合端午节、屈原等进行提醒、引导			5min
环节二：观看视频，了解家乡的龙舟饭 教师播放视频，帮助幼儿了解广东地区的龙舟饭 我们通过视频来了解一下广东地区龙舟饭的寓意。 谁能分享一下视频中的哪个片段让你印象最深刻，为什么印象这么深刻			5min
环节三：教师小结 教师小结，加深幼儿对龙舟饭的理解。 面对这么丰富的龙舟饭，说说你喜欢哪道菜式，为什么？ 每年吃龙舟饭，大家都会热热闹闹地聚在一起，这代表了一种祝福和期待：希望家人吉祥平安、小朋友健健康康			5min

教师熟悉教学内容，讲解龙舟饭的美好寓意时可配以图片，需要结合幼儿的年龄认知特点进行适当的调整。

1. 视频资源：广东龙舟饭寓意。（略）

2. 图片资源：

（1）环节———龙舟饭。

（2）环节三——丰富的龙舟饭菜式。

冬菇扒青菜　　　　　发菜蚝豉　　　　　瓜酸　　　　　红灼大虾

花肉焖节瓜

酱油鸡

龙船丁

沙葛焖鸭

烧肉、乳鸽

鱼蛋娃娃菜

3. 龙舟饭寓意："吃过龙舟饭，饮了龙舟酒，全年身体健康无忧愁"这一俗语，印证了大家对龙舟饭的美好寄托。吃龙舟饭能沾上龙舟"灵气"，能使生意兴隆，家人吉祥平安，是珠三角地区人们的共识，寄寓了劳动人民的美好愿望和祈盼。该习俗还有凝聚民心、维系团结的作用。

延伸活动

艺术：幼儿画一画吃龙舟饭的场面。

亲子活动

幼儿与家人一起相互说说祝福的话。

活动4　红皮赤壮烧肉

活动目标	1. 知道吃龙舟饭是端午节的习俗，了解龙舟饭的菜式。 2. 通过认识龙舟饭菜式"红皮赤壮烧肉"，练习搓、压、捏的轻黏土制作方法。 3. 提高幼儿的审美能力，培养幼儿对手工活动的兴趣		
涉及领域	健康　语言　社会　科学　艺术	课时	15min
活动准备	1. 龙舟饭场景图片。 2. 红皮赤壮烧肉图片。 3. 轻黏土及相关工具		
重点区域	美工区：了解龙舟饭的菜式，学习利用轻黏土搓、压、捏的技能制作手工		
过程环节			**时长参考**
环节一：话题讨论，活动导入 教师出示龙舟饭场景图片，引导幼儿思考。 大家仔细观察，龙舟饭中每道菜式都一样吗？有没有你们认识的或吃过的菜？你最喜欢哪一道菜			3min
环节二：出示图片，认识菜式 出示图片，介绍龙舟饭菜式之一"红皮赤壮烧肉"。 小朋友仔细观察图片，你知道这是什么菜吗？ 这道菜叫作"红皮赤壮烧肉"，它是用大火将猪肉进行烧制，猪肉的皮被烧得红红的、脆脆的，非常好吃			2min
环节三：做一做"红皮赤壮烧肉" 老师带来了一些轻黏土，让我们把这道菜做出来与大家一起分享吧！ 请你想想，我们会用到什么颜色？ 指导幼儿用轻黏土做一做"红皮赤壮烧肉"			8min
环节四：作品展示 分享作品展示，鼓励幼儿进行简单介绍。 谁愿意介绍一下自己做的这道"红皮赤壮烧肉"呢			2min

1. 教师备课时自行用黏土做一做"红皮赤壮烧肉"，以便在教学过程中指导幼儿操作。

2. 动手制作时，教师提醒幼儿注意安全，不能食用吞咽轻黏土。

资源参考

图片资源：

环节二——认识菜式：红皮赤壮烧肉。

艺术：将作品拿到美工区进行展示。

幼儿向家人展示自己做的"红皮赤壮烧肉"。

活动5　大鸡大利

活动目标	1. 知道吃龙舟饭是端午节的习俗，了解龙舟饭的菜式。 2. 通过认识龙舟饭菜式"大鸡大利"，练习揉搓、压、捏的轻黏土制作方法。 3. 主动积极参与活动，培养对手工活动的兴趣		
涉及领域	健康　语言　社会　科学　艺术	课时	15min
活动准备	1. "大鸡大利"龙舟菜图片。 2. 轻黏土及相关工具		
重点区域	美工区：学习利用轻黏土搓圆、捏压制作鸡的技能，并制作出"大鸡大利"		
过程环节			时长参考
环节一：出示图片，认识菜式 教师出示图片"大鸡大利"菜式引导幼儿认识。 小朋友们，图片上的这道菜是什么？你能为它取个好听的名字吗？ 每次龙舟饭都一定会有鸡，这是龙舟饭中很常见、很重要的一道菜式，生活中我们也经常吃			2min
环节二：做一做"大鸡大利" 如果老师让你用轻黏土做一只鸡腿，你会怎样制作呢？ 请幼儿示范，教师根据幼儿的掌握情况给予指导。 提醒幼儿轻黏土揉搓、压、捏的技能方法。 让我们一起动手做一做这道寓意吉祥的"大鸡大利"吧			10min
环节三：作品展示 作品分享与展示，在展示区互相欣赏同伴做的"大鸡大利"			3min

活动建议

1. 教师备课时自行用轻黏土做一做"大鸡大利"，以便在教学过程中指导幼儿操作。

2. 动手制作时，教师提醒幼儿注意安全，不能食用吞咽轻黏土。

资源参考

图片资源：环节一——导入图。

延伸活动

艺术：将作品拿到美工区进行展示。

亲子活动

家长与幼儿共同制作龙舟饭菜式"大鸡大利"。

龙舟探秘

活动1 善辨龙舟

活动目标	1. 认识传统龙舟与国际龙舟的外形特征。 2. 能对传统龙舟与国际龙舟进行观察比较，发现其相同与不同，在观察中激发幼儿探索的欲望。 3. 愿意与同伴一起探讨，共同寻找问题的答案，体验合作的乐趣		
涉及领域	健康 语言 社会 科学 艺术	课时	25min
活动准备	1. 手工传统龙舟一艘。 2. 传统龙舟与国际龙舟的图片。 3. 传统龙舟与国际龙舟的比赛视频		
重点区域	积木建构区：提供传统龙舟与国际龙舟的图片及模型让幼儿观察		
过程环节		时长参考	
环节一：展示实物，激发探索欲望 1. 教师出示手工传统龙舟，激发幼儿的探索欲望。 小朋友们，老师手上拿的是什么呀？你能说说它的特征吗？ 2. 出示并认识国际龙舟。 3. 教师小结		5min	
环节二：出示照片，引导比较 观察比较，引导幼儿比较两种龙舟的外形特征。 小朋友们，我们刚刚观察了传统龙舟和国际龙舟的样子，这两种龙舟哪里相同，哪里不同		6min	
环节三：继续观察，找不同 播放传统龙舟与国际龙舟比赛的视频，引导幼儿观察并发现两种龙舟位置数量与龙舟长短的不同。 小朋友们，你们观察一下这两艘龙舟谁比较长，谁比较短呢？ 它们的位置数量是一样的吗？ 教师小结： 传统龙舟头尾比较低，而国际龙舟头尾比较高。传统龙舟能坐80人左右，而国际龙舟只能坐10～20人，所以传统龙舟比较长，又称长龙；国际龙舟比较短，又称短龙		14min	

番禺区东乡幼儿园龙舟文化特色课程

此活动的重点是幼儿能认识到传统龙舟与国际龙舟外形特征的区别，并能简单地介绍它们的基本特征。教师在引导幼儿观察两种龙舟的位置数量和舟身长短时，需要注意有个别幼儿不会比长短，必要时进行个别指导。

1.图片资源：

（1）环节——传统龙舟。

（2）环节——国际龙舟。

（3）环节一——手工传统龙舟。

2. 视频资源：

（1）传统龙舟比赛视频。（略）

（2）国际龙舟比赛视频。（略）

延伸活动

益智游戏区：请幼儿用尺子测量并比较身边物体的长短。

亲子活动

幼儿和爸爸妈妈分享传统龙舟与国际龙舟的不同。

活动2 认识游龙

活动目标	1. 认识游龙，了解游龙的习俗，知道游龙与赛龙的不同之处。 2. 尝试用轻黏土创作游龙。激发幼儿的想象力和创造力。 3. 感受艺术活动带来的美的感受			
涉及领域	健康　语言　社会　科学　艺术		课时	25min
活动准备	1. 游龙与赛龙的图片。 2. 游龙的视频。 3. 半成品轻黏土游龙、轻黏土若干			
重点区域	语言区：投放游龙、赛龙活动的照片供幼儿观赏、讨论、交流			
过程环节				时长参考
环节一：出示图片，引导比较 分别出示游龙与赛龙的图片，引导幼儿说出游龙与赛龙的不同之处。 请你仔细看看这两张图片上的龙舟，它们有什么不同吗？ 谁来说一说？ 教师小结： 传统龙舟赛事，主要有两种形式：扒龙舟和赛龙舟。扒龙舟的形式是游龙竞美，一般在村内河涌进行；赛龙舟的形式是赛龙竞速，一般在宽阔的外海（河之干流）进行。游龙的龙头，能够灵活地摇动，就像一条"活龙"，其重点在于"美"。其形态庞大，长二三十米，可坐下三四十名队员，其装饰金碧辉煌，常见的装饰品包括彩旗、罗伞等，有的还在船中装饰一座微型庙宇。而赛龙则小得多，一般长10米，形体轻便，其重点在于"速"，即看谁最先抵达终点				4min
环节二：诠释游龙的起源与习俗 教师讲述游龙的起源和习俗，激起幼儿对游龙的兴趣。 扒龙舟最早是古越人祭龙祖的一种祭祀活动。龙船竞渡之前，先要请龙、祭神；扒龙舟前一般都要举行隆重的祭祀仪式，分别有祭龙、游龙、赛龙、收龙等祭仪。在广东，龙舟平时沉于水底，以泥埋藏，防止木质腐朽。每年举行龙舟活动前夕都会"起龙"，把龙舟从水下的泥土中挖出，清洁龙头、				5min

续　表

过程环节	时长参考
龙尾，上漆翻新，准备工具、饰品（漂亮的花）。举行活动当天，天未亮时就要装上龙头、龙尾，然后进行"采青"。天亮后，龙舟盛装打扮，在江面圩涌段来回游弋表演，称为"游龙"。龙舟有传统龙舟（长龙）、国际龙舟（短龙）、彩龙和游龙等。传统龙舟和国际龙舟参加竞速，而彩龙参加竞艳，游龙则两种竞赛都不参加，只是陪衬——在竞赛的间隙自由游动。 小朋友，你现在可以分清楚游龙和赛龙的区别了吗	5min
环节三：**播放视频，感受游龙的美** 教师播放游龙的视频，引导幼儿感受游龙的美。 我们一起欣赏一下游龙的美	5min
环节四：**我心中的游龙** 1.教师出示轻黏土游龙，引导幼儿动手装饰游龙。 看了这么多游龙，你会怎么装饰这些游龙呢？ 2.教师鼓励幼儿评选最喜欢的游龙。 请选出自己最喜欢的游龙，并说一说为什么	11min

此活动的重点是引导幼儿通过观察，找出游龙与赛龙的不同之处，能够区别两者。对于中班幼儿而言，此活动不算困难，因此教师无须过多提示，可以放手让幼儿自己发现。

资源参考

1.图片资源：

（1）环节一——游龙图片。

（2）环节一——赛龙图片。

（3）环节四——游龙轻黏土作品图片。

2. 视频资源：游龙视频。（略）

美工活动区：继续制作自己喜欢的游龙。

幼儿与爸爸妈妈分享游龙的特点和它的美。

活动3 画龙点睛

活动目标	1. 知道龙舟的基本结构，了解龙头的外形特征。 2. 了解故事《画龙点睛》以及龙舟点睛的寓意和风俗。 3. 感受龙舟文化中人们寄予的美好祈愿		
涉及领域	健康 语言 社会 科学 艺术	课时	25min
活动准备	1. 龙头的图片。 2.《画龙点睛》视频。 3. 彩笔		
重点区域	语言区：投放龙头以及点睛词的图片到该区域供幼儿观赏、讨论和交流		
过程环节		时长参考	

过程环节	时长参考
环节一：出示图片，观察龙头的外形特征 1. 出示龙头的图片，引导幼儿观察龙头的外形特征。 我们已经看过很多龙舟的样子了，那你们有没有仔细观察过龙舟的龙头呢？ 龙头是龙舟的亮点，是龙舟最具有代表性的结构。龙头主要由哪些部分组成呢？ 你能看着图片来说一说吗？ 2. 教师边指图片中对应的部位，边解说龙头的结构及外形特征。 龙头一般由角、耳、眉、额、鼻、腮、胡须、发、舌、齿、獠牙、唇等组成。传统的龙头造型中，龙角形态像鹿角、耳朵像牛耳、鼻子像狮子的鼻、嘴巴像老虎的嘴、头发像马鬃	4min
环节二：了解龙舟点睛的寓意及风俗 1. 教师播放《画龙点睛》的视频，引导幼儿了解故事的内容。 龙头中的龙眼是很有讲究的，你们知道为什么人们这么重视龙的眼睛吗？ 我们通过视频，看看到底是为什么！ 看完了视频，我们知道了故事中古人给龙点了眼睛之后，龙就活起来飞走了。人们认为给龙点睛能提高士气，龙舟点睛就是来源于"画龙点睛"一说，寓意平安吉祥。	6min

续 表

过程环节	时长参考
2.教师讲述龙舟点睛的风俗。 广东各地在正式的龙舟比赛之前有一项重要的仪式：龙舟点睛。龙舟点睛仪式非常庄严肃穆，开始时伴有鸣炮奏乐，一般由当地官员或村中辈分最高的长者担任点睛官，并请来当地具有代表性的神作为主神，人们向主神敬献鲜花、水果、美酒，表示恭敬、愿请保佑之意。祭祀完主神之后，点睛官开始点睛，过去常以公鸡的血来祭祀神灵，并以血点睛，如今的仪式已经不再杀鸡取血，而是以朱墨代替，减少了许多神秘的色彩	6min
环节三：听点睛词，感受美好祈愿 1.播放龙舟点睛的视频，引导幼儿认真听点睛词，感受人们对龙舟活动的美好祈愿。 2.教师带领幼儿读点睛词。 一点眼睛，风调雨顺，国泰民安；二点天庭，吉星高照，红运当头；三点鼻子，和谐幸福，万家平安；四点口利，笑口常开，大吉大利；五点龙角，愿龙舟给我们带来健康、吉祥、如意！ 3.教师读点睛词，幼儿用彩笔在龙头图画的相应位置点一点。 小朋友，我们也来给龙舟点睛吧！听着老师读的点睛词，拿着彩笔在龙头的相应部位点一点，看谁最棒	13min
环节四：教师总结 端午节，传统龙舟下水前有许多隆重的下水仪式，如请龙、祭神等，目的是图个吉利，表达人们对美好生活的祝愿。但是，现在有很多仪式已经简化了，而龙舟点睛却一直流传到现在。今天大家听了点睛词，希望小朋友们回家可以与爸爸妈妈一起跟着视频也读一读点睛词	2min

活动建议

　　此活动的重点是引导幼儿了解龙舟点睛的风俗，由于幼儿在日常生活中较少接触类似风俗活动，因此教师在引导过程中应从幼儿已有的生活经验入手，逐步传授龙舟活动的风俗内容。

资源参考

　　1.图片资源：

　　（1）环节———龙头图片。

（2）环节——龙头外形特征图片。

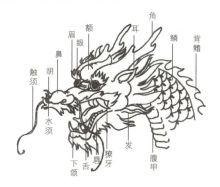

（3）环节三——龙舟点睛步骤图。

2.视频资源：

（1）《画龙点睛》视频。（略）

（2）龙舟点睛视频。（略）

美工活动区：投放彩笔、纸等供幼儿画龙头。

幼儿与爸爸妈妈一起读读点睛词。

活动4　彩绘船桨

活动目标	1. 知道绘画和涂鸦的基本方法及注意事项。 2. 能大胆地使用颜色在船桨上用不同的表现形式创作。 3. 感受色彩的魅力，体验彩绘船桨的乐趣		
涉及领域	健康　语言　社会　科学　**艺术**	课时	25min
活动准备	1. 船桨图片。 2. 船桨操视频。 3. 船桨若干。 4. 颜料、彩笔、刷子、棉签等		
重点区域	美工活动区：准备卡纸、双面胶、彩笔等给幼儿进行操作		
过程环节			**时长参考**
环节一：做船桨操，导入课题 1. 教师播放船桨操视频，激发幼儿活动的兴趣。 我们每天都要拿什么做早操？ 2. 请幼儿拿船桨。 请大家先拿上自己的船桨。 刚才在拿船桨的时候有没有遇到困难呢？有小朋友拿错别人的船桨吗？ 为了尽快找到自己的船桨，我们要怎么做？ 今天我们就来给自己的船桨画上美丽的图案吧			6min
环节二：分组合作，彩绘船桨 1. 教师展示彩绘船桨的图片，激发幼儿的创作兴趣。 小朋友，船桨怎样画才更漂亮呢？ 2. 幼儿分组，每三人一组合作作画。 3. 教师介绍作画的方式。 涂鸦船桨。小朋友们在船桨上用刷子随意刷上自己喜欢的颜料，静置船桨，等颜料干透后，用棉签蘸颜料勾画出轮廓，再画出自己喜欢的图案。			15min

续 表

过程环节	时长参考
黑白搭配。小朋友们先在船桨上刷上黑色或白色的底色，静置船桨，等颜料干透后在白色底上用黑色或在黑色底上用白色画出各种线条、形状、人物、植物、动物等图案	15min
环节三：展示作品 教师引导幼儿展示作品。 请说说自己用了哪种方法在船桨上作画。 请说说自己最喜欢哪个船桨，为什么	4min

本次活动幼儿非常感兴趣，教师应投放足够的颜料、材料给幼儿。

1. 图片资源：环节二——彩绘船桨图片。

2. 视频资源：船桨操视频。（略）

在美工活动区提供纸、笔、颜料等用品，让幼儿继续画船桨。

亲子活动

幼儿与爸爸妈妈一起做船桨操。

活动5　趣玩船桨

活动目标	1. 了解船桨的用途，探索船桨的多种玩法。 2. 练习跳跃、爬行等动作，发展四肢力量及身体协调性。 3. 通过活动，培养幼儿的团队合作精神		
涉及领域	**健康** 语言 社会 科学 艺术	课时	25min
活动准备	1. 船桨若干。 2. 船桨操音乐		
重点区域	体育活动：提供船桨供幼儿自由探索玩法		
过程环节			**时长参考**
环节一：播放音乐，做热身运动 1. 出示船桨，引入话题。 2. 播放音乐，带领幼儿一起做船桨操。 请大家拿起手上的船桨跟着老师一起来热身吧			4min
环节二：好玩法，齐分享 1. 谈话导入。 船桨除了可以做操外，还可以做什么？ 教师小结： 我们的船桨不仅可以用来划船、做早操，还可以用来玩游戏！船桨可以和我们做什么游戏呢？ 2. 幼儿自由探索。 3. 教师请幼儿分享各种玩法，其他幼儿模仿学习。 谁有好玩的玩法跟大家一起分享吧！ 玩法分享：①单脚跳过船桨；②双脚跳过船桨；③蛙跳过船桨；④跨跳过船桨；⑤绕过船桨…… 4. 师幼探讨，挑选最有趣的船桨玩法并分组进行游戏			16min

续 表

过程环节	时长参考
环节三：放松运动和小结 1. 引导幼儿做放松整理活动。 2. 教师对活动进行小结。 原来我们的船桨除了可以划船、做早操，还可以用来玩各种好玩的游戏。 请小朋友把今天玩过的最有趣的船桨玩法记录下来并和大家分享。 除了今天玩过的玩法外，你还知道有哪些新玩法呢？可以回家跟爸爸妈妈尝试一下	5min

　　此活动的重点是引导幼儿探索更多船桨的玩法，教师在指导过程中不必过多干预，只需在一旁观察，看幼儿是否能与他人友好合作，大胆创造与探索。教师可在适当的时候给予幼儿一些提示，引导幼儿玩出更多花样。

　　音频资源：船桨操音乐。（略）

延伸活动

　　美工活动区：引导幼儿以多种形式记录船桨的玩法，鼓励幼儿大胆创造更多新玩法。

亲子活动

　　请幼儿与家长一起说说船桨的玩法，共同尝试新玩法。

龙舟精神

活动1 儿歌《赛龙舟》

活动目标	1. 欣赏儿歌，理解儿歌内容，了解端午节活动的场景。 2. 大胆自信地演唱儿歌，提高语言表达能力。 3. 感受儿歌所表现的激烈、兴奋和士气高涨的气氛，体验表演的乐趣		
涉及领域	健康　语言　社会　科学　艺术	课时	25min
活动准备	1. 赛龙舟情景图。 2. 儿歌视频《赛龙舟》。 3. 彩旗、小鼓、小号、船桨若干		
重点区域	表演区：在该区域投放《赛龙舟》音乐，并投放彩旗、小鼓、小号、船桨等用具供幼儿自由表演		

过程环节	时长参考
环节一：出示情景图，引起幼儿兴趣 教师出示端午赛龙舟情景图，引起幼儿兴趣。 端午节到了，河边真热闹呀！河面上不仅停着装扮一新的龙舟，还有来自各地的观众和健壮的龙舟运动员。这些运动员都长得十分健壮，要在比赛中证明自己的力量！一场激烈的龙舟比赛就要开始了，围观的人们都热情高涨。要顺利地完成一场龙舟赛可不容易，不仅需要划船选手的努力奋进，还离不开鼓手、旗手、号手们的协同合作！ 今天我们来学唱一首儿歌，看看在儿歌中他们是怎么齐心协力赛龙舟，整齐划一士气高的	3min
环节二：学习儿歌，感受气氛 1. 播放儿歌《赛龙舟》，幼儿了解儿歌内容。 在这首儿歌里，你听到了什么？ 彩旗舞、螺号声、满天口号、锣鼓齐鸣…… 2. 利用课件展示赛龙舟的图片，帮助幼儿理解儿歌的内容，了解在龙舟竞渡过程中；划船选手、鼓手、旗手、号手们是如何密切配合努力前进的。 3. 带领幼儿以多种形式熟悉儿歌。 4. 请幼儿大胆表演儿歌	8min

续 表

过程环节	时长参考
环节三：演唱儿歌，体验乐趣 1. 分角色演唱儿歌。 一起唱儿歌，其中一部分小朋友挥舞彩旗，一部分小朋友吹小号，一部分小朋友敲打小鼓，还有小朋友划船桨。（唱"迎着朝阳彩旗舞"时挥舞彩旗；唱"螺号声，震天响"时吹小号；唱"满天口号，荡起桨"时划动船桨；唱"锣鼓齐鸣，把歌唱"时敲打小鼓） 2. 播放音乐，引导幼儿边唱儿歌边表演，体验儿歌带来的乐趣。 3. 教师小结。 今天的儿歌真有趣，小朋友们都很棒，能根据歌词用动作来表现，请大家回家后教一教爸爸妈妈，做小老师	14min

活动建议

1. 此活动的重点是学唱儿歌，教师应营造情境氛围，给幼儿充分感受音乐的机会，激发幼儿积极唱儿歌的兴趣，引导幼儿进行多次练习。

2. 此活动的难点是不仅要唱儿歌，还要配合歌词使用道具表演动作，这对幼儿而言有一定难度。因此，教师应多组织幼儿练习表演，让幼儿掌握唱和演的相互配合。同时在表演过程中，提醒幼儿注意安全。

资源参考

1. 图片资源：环节———赛龙舟情景图。

番禺区东乡幼儿园龙舟文化特色课程

2.视频资源：儿歌《赛龙舟》。（略）

3.儿歌：

赛龙舟

五月五，正端午，迎着朝阳彩旗舞，

螺号声，震天响。热热闹闹河面上，

满天口号，荡起桨。锣鼓齐鸣，把歌唱，

你追我赶，向太阳。挥舞旗帜，真漂亮。

引导幼儿尝试简单改编儿歌。

幼儿与爸爸妈妈一起利用废旧物品制作彩旗、小鼓、船桨等表演道具，并在家演唱儿歌。

74

活动2 臂力大比拼

活动目标	1. 认识划船的基本动作和划龙舟的动作要领。 2. 在活动中探索并学习"手臂划船"动作，发展臂力，提高身体的协调性和灵活性。 3. 积极参加"臂力划船"游戏，体验游戏的快乐和克服困难后的成就感		
涉及领域	**健康** 语言 社会 科学 艺术	课时	25min
活动准备	1. 前期经验：幼儿有划船的知识与经验。 2. 干净、宽敞的场地。 3.《划船》音乐		
重点区域	美工区：提供材料给幼儿，方便幼儿将参加划船游戏的活动用绘画的形式记录下来		
过程环节			**时长参考**
环节一：热身活动——拉大锯 1. 教师引导幼儿自由组合进行热身活动。 请小朋友来当造船的小工人，找到一个好朋友手拉手，一起前后拉大锯。 有谁会做拉大锯的动作？请出来示范一下。 2. 幼儿自由组合，两两结伴拉手后，教师带领幼儿模仿锯木头的动作来活动身体。 "拉开大锯，锯木头"：两人相对站立，双手相握前平举，轮换拉动左右手臂。 "你高我低，钉木板"：两人拉着手，轮换做下蹲和左右弓箭步动作。 "坐在地上，造小船"：两人坐到地上，仍双手相握，轮换做仰卧起坐动作。 "脚碰脚，蹬一蹬，小船就会更牢固"：两人坐着手撑地，脚掌碰脚掌，左右脚轮换做蹬腿动作			6min
环节二：游戏活动——臂力划船 1. 鼓励幼儿探索并学会"手臂划船"动作。 小朋友们真棒！小船造好了，我们到河边去划船吧！ 请小朋友想一想，怎样把我们的身体变成一艘小船，用我们的双臂来划船划到对岸呢？ 2. 幼儿自由探索，尝试"手臂划船"动作。			15min

续 表

过程环节	时长参考
3. 请几位幼儿一起来做划船动作，引导幼儿通过观察比较，找出一种既简单又能协调快速行进的划船动作。 4. 邀请幼儿模仿，观察后分散练习划船动作。 5. 教师引导幼儿边做动作边念儿歌： 划啊划，划啊划，小船向着前面划；划啊划，划啊划，双手划船真有趣！ 6. 教师让幼儿尝试两人合作玩划船游戏。 请你找到好朋友，和好朋友一起连成一艘船，小船摇啊摇啊向前进！ 幼儿自由与同伴组合，积极探索并尝试一起划船行进的方法。 7. 教师播放《划船》音乐，幼儿与伙伴合作划船，最后一起划到对面	15min
环节三：放松活动 1. 教师总结活动情况。 小朋友们都很棒，都是出色的划桨手。相信经过努力的练习，你们会成为一支力量强大的龙舟队。 2. 教师带领幼儿做小碎步，放松双臂模仿划水的动作回到教室休息	4min

此活动的重点是幼儿探索并学会"手臂划船"动作，这个动作对于中班幼儿而言不算困难，因此教师应适当放手让幼儿自由探索和尝试，切忌步步指引。在游戏活动过程中，教师要提醒幼儿注意安全，运动速度要适当，以免发生意外事故。

音频资源：儿歌《划船》。（略）

幼儿与伙伴在户外自主游戏区域继续探索"划船"的游戏活动。

幼儿与爸爸妈妈合作在家玩手臂"划船桨"游戏。

活动3 旱地龙舟

活动目标	1. 知道滑轮板的玩法，能在此基础上发挥创意探索滑轮板的多种玩法。 2. 学习在滑轮板上划动船桨前进，锻炼身体的平衡能力和全身协调能力。 3. 乐于参与旱地龙舟游戏活动，体验团结协作的乐趣		
涉及领域	**健康** 语言 社会 科学 艺术	课时	25min
活动准备	1. 滑轮板若干、船桨若干。 2. 起点和终点的标识		
重点区域	美工区：给幼儿提供材料，便于幼儿将旱地龙舟游戏的活动用绘画的形式记录		

过程环节	时长参考
环节一：热身运动，切入主题 教师组织幼儿进行热身运动，模仿划龙舟时的相关动作，如打鼓、划船等，在这个过程中运动全身，如抬腿、伸手、弯腰等。 今天我们要进行一个有趣的赛龙舟游戏，在活动前，我们要先活动一下身体。 让我们跟着音乐一起动起来吧	3min
环节二：旱地龙舟动作练习 1. 教师带领幼儿进行旱地龙舟动作要领的练习。 热身运动做完了，你知道旱地龙舟是怎么玩的吗？ 出示滑轮板，引起幼儿兴趣。 如果我们把滑轮板变成一艘龙舟，你会怎样玩呢？ 让幼儿发挥想象，并请幼儿示范，教师根据幼儿的情况给予帮助。 教师讲解滑旱地龙舟的要领，提醒幼儿注意安全。 我们一起来练习一下吧！ 2. 幼儿分组活动，练习体验。 提醒幼儿练习时注意安全，坐滑轮板时要坐在中间，保持平衡，手持船桨，向前划	7min

续　表

过程环节	时长参考
环节三：玩"滑龙舟"游戏 1. 教师组织幼儿开始玩"滑龙舟"游戏。 小朋友们的"龙舟"（滑轮板）划得很好了，下面比赛看看哪艘龙舟最先到达终点。大家准备好了吗？ 2. 指引幼儿从起点出发，开展"滑龙舟"比赛，提醒幼儿注意安全。 3. 教师表扬、鼓励表现好的幼儿	13min
环节四：旱地龙舟活动小结 我们玩了什么活动？你是怎么玩的？出现了什么困难吗？你是怎样使滑轮板向前滑的？ 通过分享小结，提高幼儿发现问题的能力及对活动的兴趣	2min

活动建议

1. 此活动的难点是锻炼幼儿腿部的力量以及盘坐在滑轮板上保持平衡的能力，要求幼儿掌握动作要领。

2. 在组织游戏前，教师应耐心指导幼儿，使其能安全、平稳地盘坐在滑轮板上并能用船桨划动前进。滑轮板的轮子随机滑动，增加了游戏活动的危险性，教师一定要提醒并时刻关注幼儿在练习和游戏时的安全情况。

资源参考

视频资源：热身运动龙舟舞视频。（略）

延伸活动

在户外自主游戏区域，幼儿自由找喜欢的伙伴继续玩"滑龙舟"游戏。

亲子活动

幼儿教爸爸妈妈玩"滑龙舟"游戏，并一起探索更多玩法。

活动4　金龙狂舞

活动目标	1. 认识舞龙，知道舞龙是中国传统活动之一。 2. 在活动中学习舞龙的基本动作，提高身体的平衡性、协调性和灵敏性。 3. 积极参与舞龙活动，体验传统舞龙的乐趣，感受与同伴合作的快乐		
涉及领域	健康　语言　社会　科学　艺术	课时	25min
活动准备	1. 龙的图片。 2. 舞龙视频。 3. 霸王鞭若干条。 4. 舞龙用的模型（两条）		
重点区域	体育活动：一个宽敞、干净的场所		
过程环节			**时长参考**
环节一：谈话导入，激发兴趣 教师出示龙的图片。 今天我们班来了一位小客人，让我们一起来欢迎它吧！ 大家猜猜是谁呢？ 你能想象龙在云层里是怎么运动的吗？原来它是上下左右摆动的			2min
环节二：播放视频，欣赏舞龙 1. 播放舞龙视频，引导幼儿观察。 人们常常在欢庆的日子里通过舞龙来表达自己喜悦的心情，请看看人们在端午节时是怎样舞龙的吧！ 请和你的好朋友说一说你看到的舞龙场景。视频里的叔叔们在做什么呢？ 他们是怎么舞龙的？谁能模仿一下？ 舞龙能一个人完成吗？大家需要注意什么？ 教师小结： 舞龙的动作是左右摆臂，上下抖动，后面的龙身紧跟着龙头依次做动作。			6min

续 表

过程环节	时长参考
2. 讲解视频中的精彩片段：二龙戏珠、首尾合一、翻龙倒海，进一步激发幼儿对舞龙活动的兴趣。 3. 教师小结： 我们经常在一些喜庆日子里看到舞龙活动，非常热闹。舞龙是需要多人合作才能完成的活动，所以小朋友们在舞龙的过程中一定要齐心协力、团结一致，才能把小龙舞得像视频里那样好	6min
环节三：分组合作，体验舞龙 1. 教师组织幼儿分组进行活动。 现在请小朋友站成两竖排，分成两组，一组9人，站在最前面的小朋友来当龙头。 2. 教师讲解动作。 我们先用霸王鞭来充当龙棒。双手握住霸王鞭，右手在上，练习双臂协调摆动：双脚分开站好，与肩同宽，向左舞时迈出右脚同时身体向左倾斜，向右舞时右脚回到原地同时身体向右倾斜。 3. 带领幼儿分组进行练习。 现在我们要和小龙一起做游戏了，老师先充当龙头，请一组小朋友与老师一起合作。请认真看着龙头，随着龙头依次摆动龙的身体。 4. 教师播放音乐，幼儿跟随音乐再次练习舞龙的基本动作	15min
环节四：放松并分享小结 教师播放轻音乐，组织幼儿做放松运动。 小朋友，我们一起来做腿部和手臂肌肉的放松运动吧！ 你在这次活动中的收获是什么？有遇到困难吗？是怎样处理的？	2min

活动建议

　　此活动通过观看视频、自主讨论、自主尝试、互相交流、有意练习等环节，引导幼儿从最初对舞龙的陌生到最后感兴趣地进行舞龙练习。但由于是初次舞龙，幼儿的动作不是特别规范，所以教师应对幼儿进行分组指导训练，先由教师充当龙头带动幼儿舞龙，另一组幼儿观察，让每名幼儿都能熟悉基本动作并在动作的协调性和平衡性上有一定的发展，最后幼儿合作练习。幼儿要了解舞龙活动是需要大家互相合作才能完成的，使幼儿充分感受

到合作带来的乐趣。

1.图片资源：环节一——龙的图片。

2.视频资源：舞龙。（略）

幼儿与伙伴交流自己是怎么和其他小朋友合作舞龙的。

亲子活动

幼儿与爸爸妈妈在家里合作舞龙。

活动5　旗开得胜

活动目标	1. 了解各种纺染的方法，知道彩旗的作用，对龙舟物品有丰富了解。 2. 探索不同的纺染方法，掌握简单的纺染技能，加深对队旗色彩的认识和感受。 3. 感受不同旗面的美，体验美的多样化，在活动中，体验成功的快乐		
涉及领域	健康　语言　社会　科学　艺术	课时	25min
活动准备	1. 各种彩旗的图片、纺染步骤图。 2. 赛龙舟的短视频。 3. 白色旗子若干、不同颜色的颜料或色素、画笔、盆等工具		
重点区域	美工活动区：展览幼儿设计的各色彩旗，供幼儿观赏		
过程环节			时长参考
环节一：播放视频，展示旗子 1. 播放龙舟竞赛的视频片段，重点引导幼儿关注龙舟上的各种彩旗。 每艘龙舟上都有一面彩旗，这面彩旗有什么用呢？ 请小朋友仔细观察，彩旗上都有什么呢？ 2. 幼儿思考并讨论			5min
环节二：展示纺染方法，观察学习 1. 教师出示白色旗，引起幼儿兴趣。 我们可以用什么方法使彩旗变得漂亮？ 今天我们要用纺染的方法使旗子变漂亮，应该怎么做呢？ 2. 出示图片，介绍纺染的基本方法和注意事项。 针缝法、缝捆法、打结法、工具法等。 你会用什么方法，怎么染呢？			5min
环节三：动手尝试纺染 出示各种材料，请幼儿尝试纺染。（教师根据幼儿前期经验的掌握情况，让幼儿选择自己喜欢的方法进行纺染）			10min

续表

过程环节	时长参考
请小朋友尝试用打结的方法或利用工具来染旗子吧！ 活动中教师提醒幼儿注意颜料不要弄到衣服上，要保持桌面整洁	10min
环节四："最美旗子"展览 幼儿将自己设计的彩旗挂在展示区供人欣赏。 请谈谈自己最喜欢哪面旗子，为什么	5min

此活动的重难点是让幼儿学会纺染的方法，在操作前，教师要讲清楚制作的步骤和要求。教师要鼓励幼儿大胆创新，提高幼儿的动手能力，不必提过高的要求，每个幼儿有自己的想法，应尽可能让他们自主完成彩旗的纺染。

资源参考

1. 图片资源：环节一——彩旗图片。

2. 视频资源：龙舟赛展示队旗视频。（略）

艺术：在美工活动区投放设计彩旗所需的材料，让幼儿自由制作彩旗。

亲子活动

幼儿向爸爸妈妈展示自己设计的彩旗，并分享自己设计的想法。

龙 舟 寻 源

活动1　世界上有龙吗

活动目标	1.考据龙是否存在于世界上，了解有关龙的传统文化故事。 2.理解绘本故事内容，能大胆地、清晰地表达自己的想法。 3.对中国传统文化感兴趣，加深对龙的认识		
涉及领域	健康　**语言**　社会　科学　艺术	课时	25min
活动准备	1.绘本《我不相信有龙》。 2.收集各种动物的照片，如龙、狗、猫、鸡、猪、牛、老虎、狮子、鹿等		
重点区域	语言区：将与龙相关的图片和绘本放到该区域供幼儿自由观看与阅读		

过程环节	时长参考
环节一：绘本导入，激发幼儿兴趣 1.教师带领幼儿共读绘本《我不相信有龙》。 读完了这个绘本故事，我们知道了杰克不相信有龙，那你呢？你认为世界上有龙吗？ 2.幼儿交流分享自己的看法	9min
环节二：提问引导，思考世界上是否存在过龙 教师展示各种动物的照片，包括龙的图片，引导幼儿观察龙与其他动物的区别。 我们知道的动物有很多，生活中常见的有狗、猫、鸡、猪、牛等，在动物园也能看到很多动物，如老虎、狮子、鹿、羊等。龙也是一种动物，你们见过或者听说过活生生的龙吗？ 教师小结： 类似于龙的生物，从目前所发现的来讲，没有任何一种动物像龙的模样。所以，世界上可能并不存在真正的龙	6min
环节三：为什么存在有关龙的传说 1.教师提问，引导幼儿思考为什么存在有关龙的传说。 既然世界上并不存在真正的龙，那我们现在知道的龙到底是怎么来的呢？为什么会出现有关龙的传说呢？	7min

续 表

过程环节	时长参考
龙其实并不存在于这个世界上。很久很久以前，古人在制作图腾的时候，希望自己的民族图腾能像鸟一样在天上飞，像鱼儿一样在水里游。渐渐地，他们把多种动物最大本领的地方组合在一起，就变成了龙。 小朋友们，你们听过龙的其他传说故事吗？谁能跟大家说一说呢？ 2. 教师鼓励幼儿积极分享故事	7min
环节四：课堂总结 教师总结：科学家也没有否定龙的存在，可能大多数动物是生活在地上的，或者处于低空飞行，这样我们就能很简单地看到，可能龙真的就像神话传说里那样，是在很高很高的天上吧，所以人们很难遇到。龙这种生物很可能在上古时期是真实存在的，只是后来由于环境变化才灭绝了	3min

1. 此活动的重点是引导幼儿积极思考世界上是否有龙。这个问题比较抽象，对于中班幼儿而言，有一定的难度，教师应借助其他动物与龙进行比较，让幼儿逐步发现龙的独特之处，进而找到问题的答案。

2. 此活动的难点是幼儿在理解绘本内容的基础上，能够用自己的语言清楚地表达想法。在幼儿表达遇到困难时，教师要及时做出反应，适时给予补充，让幼儿有继续表达的欲望。

资源参考

图片资源：

（1）环节二——龙的图片。

（2）环节二——其他动物的图片。

延伸活动

语言区：投放绘本《中华故事十二生肖之龙》，供幼儿阅读，使幼儿更加了解龙。

亲子活动

请幼儿和爸爸妈妈一起收集各种龙的商标、图案、故事等，加深对龙的了解。

活动2　龙会飞吗

活动目标	1.知道想飞起来所需要具备的条件。 2.能大胆地发挥想象力，画出自己心中的飞龙。 3.鼓励幼儿大胆创作，激发幼儿对美工活动的兴趣		
涉及领域	健康　语言　社会　科学　艺术	课时	25min
活动准备	1.龙的图片、视频。 2.会飞的动物图片、视频		
重点区域	美工活动区：准备好彩笔、画纸等给幼儿进行创作		
过程环节			时长参考
环节一：出示图片，激发思考 教师出示龙的图片，引导幼儿思考问题。 我们知道龙是一种传说中的动物，到底龙会不会飞？ 你为什么会这样认为呢			3min
环节二：讨论会飞的动物应具备什么条件 1.教师提出问题，引导幼儿思考会飞的动物应具备哪些条件。 小朋友们，你们知道哪些动物会飞呢？ 今天老师带来了一些会飞的动物的图片，我们一起来看看，你们都认识它们吗？ 会飞的动物有小鸟、猫头鹰、鸽子、啄木鸟、蝴蝶、蜜蜂。 小朋友们，你们发现会飞的动物都具备哪些条件吗？ 教师小结： 会飞的动物有很多，它们都有翅膀，翅膀是它们拥有飞行绝技的首要条件。 2.教师播放龙飞舞的视频，启发思考。 我们知道了会飞的动物所具备的条件。那么，你现在想一想，龙满足这些条件吗？为什么龙还能飞起来呢			8min
环节三：画一画心中的飞龙 1.请幼儿画一画心中的飞龙。 会飞的龙非常的帅气，我们一起来画一画这帅气的飞龙吧！ 2.幼儿画完后互相展示			14min

幼儿对龙的了解与认识比较缺乏，加上本节活动要求幼儿思考的问题有一定的难度，幼儿不一定能说出很准确的答案，教师应多给予耐心和肯定，在宽松的氛围中鼓励幼儿发挥想象力，大胆表达内心的想法。

资源参考

1. 图片资源：

（1）环节一——龙的图片。

（2）环节二——会飞动物的图片。

2. 视频资源：

（1）龙飞舞的视频。（略）

（2）会飞动物的视频。（略）

表演区：幼儿跟着老师随音乐（《虫儿飞》）一起做飞的动作。

亲子活动

幼儿与爸爸妈妈分享自己画的飞龙。

活动3　龙的图腾

活动目标	1. 学会发现、探究身边事物的特征。 2. 观察龙的结构、色彩和姿态等外形特征，尝试用彩笔或蜡笔来画龙，体验绘画的乐趣。 3. 知道龙是中华民族的象征，体会自己作为龙的传人的民族自豪感		
涉及领域	健康　**语言**　社会　科学　**艺术**	课时	25min
活动准备	1. 视频《你见过龙吗？》。 2. 千姿百态的龙的图片。 3. 轻黏土、陶土、制作工具、各种废旧材料等		
重点区域	语言区：将与龙相关的图片、书籍、手工艺品等投放到该区域供幼儿操作与讨论		
过程环节			**时长参考**
环节一：动画导入，引发思考 1. 教师播放视频《你见过龙吗？》，引导幼儿探讨在哪些地方见过龙。 小朋友们，你们见过龙的图案吗？ 你在哪些地方或物品上看到过龙的图案呢？ 教师小结： 龙是中华民族的象征，我们都是龙的传人。在古代，龙是帝王的象征，也寓意着吉祥，因此它出现在各种各样的事物当中，如皇帝的衣服、屋子的房顶、墙壁的绘画或雕刻、人们戴的玉佩等，这些地方都有龙。 2. 教师鼓励幼儿用自己的语言描述龙的样子。 你见过的龙是什么样子的呢？能用自己的话说给大家听吗			6min
环节二：观察龙的特征和不同姿态 教师出示龙的图片，引导幼儿观察龙的外形特征。 刚刚小朋友们给大家说了他们见过的龙的样子，请大家看看这些图片，你们能发现龙的特点吗？			5min

过程环节	时长参考
大家可以尝试从龙头到龙尾的顺序来找出龙的特点哦！ 教师小结： 龙是一种想象出来的动物，它身似蛇，角似鹿，爪似鹰，鳞似鲤鱼。 教师继续出示龙的图片，引导幼儿观察龙的千姿百态。 我们还可以从龙的颜色、姿态、腾飞的方向等不同方面仔细观察龙的样子	5min
环节三：动手做一做"我见过的龙" 1. 教师提示做龙的基本步骤。 我们从龙头开始做，做龙的眼睛、嘴巴、龙角、胡须等，再创作龙身，然后是装饰龙身上的鳞片，最后给龙加上尾巴，再做整体的修饰。 2. 幼儿自由创作，教师巡视指导。 3. 作品展示。 请小朋友将完成的作品给小伙伴展示一下！说一说你最喜欢哪个作品，为什么	14min

活动建议

　　幼儿平时对龙以及龙的衍生物关注和了解较少，教师在活动中应多展示相关事物的图片以唤起幼儿的记忆、调动幼儿的生活经验，以便帮助幼儿充分打开思路，从而积极参与讨论和表达。

资源参考

　　1. 图片资源：

　　（1）环节一——龙的图案。

（2）环节一——龙袍图片。

（3）环节一——建筑上的龙图片。

（4）环节一——龙玉佩图片。

（5）环节二——龙的图片

2. 视频资源：《你见过龙吗？》（略）

 延伸活动

在美工区提供多种材料，让幼儿用不同的材料进行创作，自由交流。教师可以在区域里提供一些不同姿态的龙的图片或作品供幼儿欣赏。

亲子活动

幼儿与爸爸妈妈一起继续了解跟龙有关的故事。

活动4　中国龙

活动目标	1. 初步了解中国人喜欢龙的原因、中国龙的文化背景。 2. 了解中国龙具有吉祥如意、尊贵的象征意义。 3. 认识中国龙的各个部位，自由创作一幅中国龙拼贴作品		
涉及领域	健康　语言　社会　科学　艺术	课时	25min
活动准备	1. 中国龙图片。 2. 绘本《寻找中国龙》。 3. 准备拼贴画的材料：彩纸、彩笔、剪刀		
重点区域	语言区：投放有关中国龙的图片、故事传说等素材到该区域供幼儿了解和认识中国龙。 美工活动区：提供彩纸、彩笔、剪刀等材料供幼儿创作拼贴画		

过程环节	时长参考
环节一：绘本导入，激发兴趣 教师出示绘本《寻找中国龙》，与幼儿共读。 *中国人为什么那么喜欢龙呢？* 人们觉得龙能给我们带来吉祥，带来好运，带来丰衣足食，带来团结。中国人是龙的传人，龙的传人会把吉祥、好运、团结与和平带到每一个角落，所以连外国小朋友都对我们的中国龙很向往，老师决定带着小朋友一起去寻找传说中的中国龙。 *准备好了吗？我们一起去找一找、看一看吧*	5min
环节二：找一找，看一看 1. 教师出示藏有中国龙的图片，引导幼儿在图片中找一找中国龙。 *火眼金睛的小朋友，你们能从这些图片中找到传说中的中国龙吗？快来找找看！* 2. 教师引导幼儿仔细观察，寻找图片中的中国龙。 *大家可真会找！一下子就把藏起来的中国龙给找出来了。仔细瞧一瞧，看一看，你觉得龙的哪些地方像什么动物？我们一起来说一说！*	5min

续 表

过程环节	时长参考
教师小结： 龙是中华民族古老的图腾。在中国的传说中，龙身上的部位分别像九种动物：头像骆驼；角像鹿；眼像兔；耳像牛；体长像蛇；肚子像蜃；有鲤鱼般的横鳞片；四肢像鹰，弯成钩状，每肢五爪；脚掌像虎，当中有肉。龙的鼻旁有两条长的肉须，头后有长毛，下颌有一颗明珠	5min
环节三：剪一剪，拼一拼 1. 出示中国龙的剪贴画，引导幼儿观察。 2. 教师讲述制作中国龙贴画的方法。 看来小朋友们都忍不住想动手做咱们的中国龙了。先不着急，先来听听怎么做吧！ 教师示范，鼓励幼儿大胆创作。 先把龙头画出来，再用半圆画出龙鳞，正反折出龙的身体，剪出龙角，画出眼睛和龙须，最后贴到白色画纸上就可以了。小朋友们赶紧动手试试吧！ 3. 幼儿自主创作中国龙贴画，教师巡视指导。 4. 幼儿展示作品及分享	15min

　　本次活动中，幼儿需要使用剪刀剪出龙角，教师要提醒幼儿注意安全，并且巡视指导和帮助动手能力较弱的幼儿。

　　1. 图片资源：环节二——中国龙图片。

2. 绘本资源：《寻找中国龙》绘本。

幼儿继续在美工活动区利用多种材料进行创作。

幼儿在家与爸爸妈妈利用废旧材料制作中国龙。

活动5 龙的传人

活动目标	1. 知道中国人都是龙的传人，体会民族自豪感。 2. 通过观察，模仿简单的舞龙动作。 3. 培养幼儿的集体意识、合作意识		
涉及领域	健康 语言 **社会** 科学 艺术	课时	25min
活动准备	1. 舞龙视频。 2. 舞龙伴奏音乐		
重点区域	表演区：提供音乐，鼓励幼儿利用道具进行表演		
过程环节			**时长参考**
环节一：故事导入 教师分享神话故事《龙的传说》，让幼儿知道我们是龙的传人，并进一步了解龙的由来、中国龙的图腾文化			4min
环节二：观看视频，学习舞龙 教师播放舞龙的视频，引导幼儿观察并学习一些简单的动作。 舞龙需要多少人表演？ 他们分别在哪个位置？ 每个部位的人是怎样做的？ 这样的表演真精彩，我们一起来试一试			5min
环节三：分组合作，练习舞龙 1. 教师引导幼儿分组，每四人一组，小组协商分配好舞龙的角色。 请小朋友小组内讨论谁做龙头，谁做龙身，谁做龙尾，并初步尝试舞龙。 2. 幼儿自由舞龙。教师巡视指导，引导配合不好的幼儿注意动作的协调。 3. 请配合最默契的一组表演舞龙，其他组观察，说说为什么他们表演得最好。让幼儿懂得小组成员间只有团结合作、互相配合，才能把龙舞好 4. 舞龙表演。播放欢快的音乐，各组幼儿再次尝试舞龙，体验合作的快乐			14min
环节四：放松整理活动 教师引导幼儿做放松操。 小朋友们，我们一起来动动手、动动脚把龙送回家吧			2min

活动建议

本次活动的重难点是鼓励幼儿积极参与舞龙活动。幼儿在练习舞龙过程中可能会遇到困难，教师要适时地介入，给予引导和帮助，这样不仅能使幼儿及时克服困难，解决问题，也能增加幼儿的自信心和表演的热情。

资源参考

1.龙的传说故事。

相传，黄帝在统一中原之前，以"熊"为图腾，在战败蚩尤统一中原之后，为安抚那些归附的部落，便改用"龙"为图腾。"龙"的图腾实际上是"熊"的图腾和"蛇"的图腾的组合。而"蛇"是黄帝母族的图腾。黄帝母族为有蟜氏，"蟜"即"蛇"，古代又通桥。传说黄帝死后葬于桥山，这就说明了黄帝是崇奉母族图腾的。而"龙"正是集其父族"熊"的图腾的兽头与母族"蟜"的图腾的蛇身于一身而成。这一奇特的形象包含了中华民族发展及各族文化融合的历史，成了中华民族始祖的图腾。

后来，"龙"的形象出现于各种图案之中，并逐渐形成了文字。我们可以从殷商甲骨文中找到这个"龙"字，从出土的远古时期的陶器上找到"龙"的图案。而且，社会上也有不少围绕"龙"而生发出来的"感天而生"的传说，如炎帝是一位叫登的女子感应天上的"神龙"而生，黄帝是感应"北斗"而生。总之，都是把他们与"龙"联系在一起。所以，凡是中华民族的子孙便被称为"龙的传人"。

2.视频资源：舞龙视频。（略）

延伸活动

表演区：提供音乐，让幼儿跟随音乐，利用道具与小伙伴合作表演舞龙。

亲子活动

幼儿在家与爸爸妈妈利用废旧材料制作"舞龙"，并体验舞龙的乐趣。

龙舟乡俗

活动1　一起过端午

活动目标	1. 初步认识计划表是做事的步骤，有了计划，做事就能应付自如。 2. 乐意与同伴一起讨论，讲述自己的过节计划。 3. 感受端午节的活动氛围，增强乡俗认同感		
涉及领域	健康　**语言**　社会　科学　艺术	课时	25min
活动准备	1. 儿歌《端午节》。 2. 端午活动的图片、贴图。 3. 端午节计划表		
重点区域	语言区：将端午活动的图片以及大家设计的端午节计划表粘贴在该区域内供幼儿交流讨论		
过程环节			**时长参考**
环节一：欣赏儿歌《端午节》，感受端午气氛 1. 教师播放儿歌《端午节》，体会在歌中过端午节的欢乐气氛。 听完这首歌，你觉得过端午节时人们心情怎样？ 这么快乐的端午节，你们会和家人怎么度过呢？ 2. 教师揭示本课主题：一起设计过端午节的计划			3min
环节二：学习并设计端午节计划表 1. 出示端午节活动项目的图片，引导幼儿思考。 端午节有哪些好玩的活动？你们最喜欢玩什么游戏？ 我们可以用什么方法让别人了解我们的想法？ 2. 教师出示端午节计划表，展示怎样运用贴图的方法完成计划表。 3. 教师带领幼儿讨论自己想在端午节那天做哪些有趣的游戏，并让幼儿把结果贴在计划表上			15min

续 表

过程环节	时长参考
环节三：分享过端午节的计划 1. 教师鼓励幼儿分享计划。 小朋友们非常厉害，能够用自己喜欢的方式设计过端午节的计划表。哪个小朋友愿意跟大家分享一下你的计划呢？ 2. 教师总结。 小朋友们都设计好了过端午节的计划表，请你们回家与家人参照这个计划表度过一个快乐的端午节吧	7min

活动建议

　　1. 此活动的重点是幼儿乐意与伙伴讨论、合作完成端午节计划表，并在此基础上能清楚地讲述自己的计划。教师应多鼓励幼儿主动参与表达，提高语言表达能力。

　　2. 此活动的难点是用绘画和贴图的方法设计过端午节的计划表，教师应细致地展示，让幼儿灵活掌握设计的方法，并随时给予引导和帮助。

资源参考

　　1. 音频资源：儿歌《端午节》。（略）

　　2. 图片资源：环节二——端午节活动图片。

3. 端午节计划表。

延伸活动

在美工活动区提供纸、笔等用品，让幼儿尝试以绘画的方式美化端午节计划表，可以自由创作。

亲子活动

鼓励幼儿参考设计好的端午节计划表，与家人一起游戏。

活动2 童谣《端午节拍手歌》

活动目标	1. 了解拍手游戏的玩法，能结伴朗诵童谣。 2. 迁移有关端午节习俗的经验，尝试续编童谣，体验创作的乐趣。 3. 乐于学习端午节童谣，感受童谣的美		
涉及领域	健康 **语言** 社会 科学 艺术	课时	25min
活动准备	1. 教师提前收集与端午节习俗相关的图片、视频。 2. 请幼儿课前了解端午节的习俗活动		
重点区域	语言区：将童谣涉及的图片素材投放到该区域供幼儿认识与讨论		
过程环节			**时长参考**
环节一：欣赏童谣，理解主要内容 1. 教师播放童谣《端午节拍手歌》，让幼儿了解童谣内容。 在这首童谣里，你听到了什么？ 插艾蒿、挂丝线、戴香包…… 2. 教师利用课件展示图片，帮助幼儿理解童谣的内容，认识各种特色习俗活动			8min
环节二：学习童谣，了解拍手游戏的玩法 1. 教师带领幼儿尝试朗诵童谣。 2. 共同讨论拍手游戏的玩法，激发朗诵兴趣。 这首童谣的名字叫什么？你们知道为什么叫拍手歌吗？ 我们还可以怎样念这首童谣呢？ 3. 教师示范拍手游戏的玩法，引导幼儿进一步熟悉童谣歌词。 4. 邀请幼儿两两结伴进行练习，边相互拍手，边朗诵童谣。 5. 邀请幼儿进行表演展示			7min
环节三：迁移端午经验，尝试续编童谣 1. 教师提问，引导幼儿发现更多端午节习俗活动。 端午节除了童谣中提到的习俗活动外，还有哪些活动呢？ 我们会吃什么食物？玩什么游戏？心情怎么样？			10min

续 表

过程环节	时长参考
2. 教师出示过端午节的风俗活动照片、播放相关视频，启发幼儿思考。 3. 引导幼儿迁移过端午节的经验，尝试对童谣部分歌词进行改编。 参考： <div align="center">**端午节拍手歌**</div><div align="center">端午节，艳阳照，家家门上插艾蒿。</div><div align="center">（编彩绳），（抓鸭子），娃娃乐得蹦又跳。</div><div align="center">吃粽子，划龙船，纪念屈原永记牢。</div>4. 尝试演唱改编的歌谣	10min

🐉 活动建议

1. 此活动的重点是学唱童谣，教师应营造情境氛围，让幼儿充分感受和体验，掌握好拍手的节奏，并进行多次练习。

2. 此活动的难点是歌词改编，教师无须过多考究编写是否正确或是否符合逻辑，更重要的是鼓励幼儿积极参与，激发幼儿的语言潜能。

🐉 资源参考

1. 视频资源：童谣《端午节拍手歌》。（略）

2. 图片资源：

（1）环节一——插艾蒿图片。

（2）环节——戴香包图片。

3.童谣：

端午节拍手歌

端午节，艳阳照，家家门上插艾蒿。

挂丝线，戴香包，娃娃乐得蹦又跳。

吃粽子，划龙船，纪念屈原永记牢。

延伸活动

在表演区提供音乐伴奏，幼儿尝试结伴表演童谣内容。

亲子活动

请家长和幼儿一起说说过端午节的趣闻，并与幼儿一起仿编童谣。

活动3　观龙舟赛

活动目标	1. 能区分龙舟与普通小船，简单了解龙舟的设计原理。 2. 了解龙舟竞渡的活动，能大致说出看到的场景或听到的故事情节，乐于表达。 3. 感受龙舟竞赛活动的热闹气氛和团结合作精神		
涉及领域	健康　**语言**　**社会**　科学　艺术	课时	25min
活动准备	1. 龙舟及小船的图片。 2. 龙舟竞渡比赛视频		
重点区域	语言区：将龙舟竞渡的图片、传说故事书投放到该区域供幼儿阅读、交流和讨论		
过程环节			**时长参考**
环节一：欣赏图片，激发兴趣 出示龙舟竞渡图片，激发幼儿对这项活动的兴趣。 照片中的人在做什么？ 为什么会有赛龙舟这个活动呢			3min
环节二：了解龙舟竞渡的传说 1. 教师边播放PPT，边讲述龙舟竞渡的故事。 2. 鼓励幼儿讲述划龙舟的演变。 听完故事后，谁能告诉我划龙舟是怎样演变而来的			7min
环节三：找不同，了解龙舟的设计原理 教师分别展示龙舟和普通小船的图片，引导幼儿观察。 平时看到的龙舟是怎样的？ 龙舟跟我们常见的小船有什么不一样呢？ 为什么要设计成这样？ 教师小结： 为了形态美观，轻便，划起来省力，速度快，所以龙舟在设计和选材上都非常讲究			5min

续　表

过程环节	时长参考
环节四：观看龙舟赛，感受精神 教师播放大型龙舟赛的视频，引导幼儿体会视频中队员们划龙舟的合作精神。 划龙舟需要几个人呢？ 一个人可以完成吗？ 怎样才能使龙舟划得又快又稳？ 教师小结： 一艘龙舟一般需要17个或以上的人划才更快，一个人是不行的，必须要大家合作。龙舟上有一个人当舵手，有一个人敲鼓，有的还有人摇旗助威等，其他人都是桡手，他们随着鼓声有节奏地用力向前划，动作一致，这样龙舟就可快速前进	10min

　　此活动的重点是引导幼儿通过欣赏龙舟竞渡比赛，感受划龙舟是一项需要团结合作、队员拥有拼搏精神才能取得胜利的活动，幼儿年龄尚小，社会阅历少，不容易直接感受，需要教师多加引导、提示。

　　1.图片资源：

　　（1）环节一——龙舟竞渡图片。

（2）环节三——龙舟图片。

（3）环节三——普通小船图片。

2. 视频资源：

（1）《龙舟竞渡的传说》故事。（略）

（2）龙舟竞渡精彩视频。（略）

　　鼓励幼儿在益智游戏区分别用不同材料制作小船，看看哪种材料做的小船结实耐用，还跑得快。

亲子活动

　　幼儿与家人分享观看龙舟赛的情境及感受。

活动4　包粽子

活动目标	1. 知道端午节是我国的传统节日，并了解端午节的风俗和来历。 2. 引导幼儿学习简单地包粽子（折纸），并进行线描装饰。 3. 培养幼儿创新意识及动手操作能力		
涉及领域	健康　语言　**社会**　科学　**艺术**	课时	25min
活动准备	1. 长条状的纸条、彩带、油性笔或马克笔。 2. 包纸粽的步骤图或视频、各种形状的粽子		
重点区域	美工活动区：在该区域内展示包粽子步骤的图示并提供材料（如粽叶、卡纸等），引导幼儿跟着图示的步骤尝试包粽子		
过程环节			**时长参考**
环节一：引出话题 在端午节这一天，我们会吃什么呢？ 出示图片，欣赏各种各样的粽子。 请问你看到的粽子是什么形状？ 教师小结： 粽子的形状真多！有三角形的、五角形的、长条形的等，还有多种口味			2min
环节二：一起学包粽子（纸粽） 粽子的形状可多了，今天我们来学其中的一种。 请看这是什么形状的粽子呢？ 1. 教师出示步骤图，引起幼儿兴趣。 2. 教师讲解包纸粽的步骤，并做示范。 教师示范讲解： （1）先将纸条一端折成一个三角形； （2）顺着三角形的一边正反来回折，将整张纸条折成连续的多个三角形； （3）打开三角形； （4）在纸条的起端，顺着折缝拢成一个立体的形状，似锥形； （5）顺着纸条上的缝往上卷绕，将纸条末端插入缝中；			18min

续 表

过程环节	时长参考
（6）用彩带捆绑好，再打上漂亮的蝴蝶结装饰就成功了。 为了能区分自己包的粽子，请用油性笔或马克笔在粽子的身上进行线描装饰。 让我们一起来制作吧！ 3.幼儿自由练习包粽子，教师巡视指导	18min
环节三：作品展示与赏析 1.幼儿展示自己做的粽子，并说说是怎么做的。 请小朋友把自己做好的粽子展示出来，跟大家说说你是怎么做出这么漂亮的纸粽子的。 2.邀请幼儿将纸粽子挂起来装饰教室	5min

此活动的重难点是幼儿学习包纸粽，由于中班的幼儿年龄尚小，动手和模仿能力还不够强，因此教师要耐心讲解，在示范包粽子时注意放慢动作，难点之处多讲几遍。

资源参考

1.图片资源：

（1）环节一——不同形状的粽子图片。

（2）环节二——纸粽子图片。

2. 视频资源：

（1）包纸粽视频。（略）

（2）包纸粽步骤图。（略）

在美工活动区提供轻黏土、卡纸、蕉叶等多种材料，供幼儿用不同的材料包粽子。

幼儿把纸粽子带回家与家人一起欣赏劳动成果。

活动5　绘彩蛋

活动目标	1. 知道吃鸭蛋、绘彩蛋是端午节的习俗之一，掌握绘彩蛋的基本方法。 2. 能够创造性地大胆运用颜料装饰蛋，激发想象力。 3. 乐意参与绘画活动，体验并感受绘蛋活动的快乐			
涉及领域	健康　语言　社会　科学　**艺术**	课时		25min
活动准备	1. 各种彩绘蛋的图片。 2. 每人一个蛋。 3. 各种蛋托（可用瓶盖、鸡蛋盒等）。 4. 不同颜色的颜料、画笔			
重点区域	美工活动区：在该区域展示绘彩蛋步骤的图示并提供制作材料，引导幼儿跟着图示的步骤绘制彩蛋			

过程环节	时长参考
环节一：谈话导入，了解端午节吃鸭蛋的用意 1. 引导幼儿了解吃鸭蛋是端午节的习俗之一。 小朋友们，你们知道在端午节，人们除了吃粽子外，还喜欢吃什么呢？ 2. 引导幼儿思考端午节吃鸭蛋的用意。 为什么人们在端午节要吃鸭蛋呢？ 人们吃鸭蛋是为了讨福。 教师小结： 端午节预示着炎热夏季的到来，这个时候的气候很潮湿，易滋生细菌，引起"瘟疮"之类的疾病。而鸭蛋的形状比较像一颗心，古时候的人就认为，吃了咸鸭蛋就可以保护自己的心气神不受损害。所以每当端午节来临，为了家人的健康，很多家庭都会准备好咸鸭蛋。 在端午节，有些地方还会以挂彩蛋的方式来庆祝端午节，我们一起来看看彩蛋是什么样子的	3min

续 表

过程环节	时长参考
环节二：欣赏彩绘蛋，讨论怎么装饰蛋 1.教师出示各种各样的彩绘蛋图片，引导幼儿观察和欣赏。 你觉得这些蛋怎么样？ 你最喜欢哪一个彩蛋，为什么？ 2.教师引导幼儿讨论怎么装饰自己的蛋。 你想怎么打扮自己的蛋宝宝？ 你喜欢什么颜色的蛋宝宝？ 你会在蛋宝宝上画什么图案呢	4min
环节三：利用彩绘材料，尝试创作 1.出示蛋、蛋托、颜料和棉签，提出操作要求。 大家在绘制时，要一手拿着蛋，一手拿着画笔，注意不要让蛋壳破裂。 可以把蛋用线条分成几个部分，再一个部分一个部分细致地图画。 2.鼓励幼儿动手绘制，教师巡视指导	13min
环节四：举办"美丽的彩蛋"作品展览 1.教师引导幼儿将制作好的彩蛋放进蛋托中。 请小朋友们把自己做好的彩蛋小心地放在蛋托上。 2.幼儿评选自己最喜欢的彩蛋。 说一说你最喜欢哪一个彩蛋，为什么呢？ 3.教师给优秀作品评奖	5min

活动建议

此活动的重点是鼓励幼儿大胆选择自己喜欢的颜色，并且尝试各种颜色搭配，教师在看到有创意的彩蛋作品时要及时给予表扬。

资源参考

1. 图片资源：环节二——彩蛋图片。

2. 视频资源：彩蛋绘制步骤视频。（略）

延伸活动

在美工活动区投放皱纹纸、手工纸等材料供幼儿制作蛋娃娃的头发、帽子以继续创作。

亲子活动

幼儿给家人展示自己制作的彩蛋并分享自己的制作感受。

龙舟探秘

活动1　赛龙舟的工具有哪些

活动目标	1. 认识赛龙舟所使用的工具并知道其用途。 2. 能根据自己对工具的观察，尝试模仿制作黏土手工作品，并能进行简单介绍。 3. 激发对龙舟更深入了解的欲望和兴趣			
涉及领域	健康　语言　社会　科学　艺术		课时	30min
活动准备	划龙舟的视频，各种赛龙舟工具的PPT图片，黏土，手工制作视频			
重点区域	美工活动区：准备黏土供幼儿制作赛龙舟工具			
过程环节				时长参考
环节一：观看划龙舟视频，问题导入 大家都知道划龙舟需要准备划龙舟的工具，你们知道要哪些工具吗？ 幼儿进行讨论，回答问题				3min
环节二：借助图片，认识不同工具 1. 教师出示工具图片。 小朋友们，图片上这些都是划龙舟需要用到的工具。你们仔细观察一下，这些工具的外观是怎样的？它们各自的用途是什么呢？ 2. 教师引导幼儿进行观察，尝试回答问题。 大家都说得很不错。我们划龙舟需要用到船桨、船鼓和船旗。船桨是一种划船工具。它可以用来拨水，让船前进。船鼓是用来击打节奏的，想要龙舟划得整齐就得靠听鼓声来掌握节奏。按照鼓点声一起划，力量才会更集中，速度才能更快，也能让每位参与者体会到赛龙舟需要团结协作。船旗是龙舟的标志。每支队伍的龙船上都有不同的旗帜，它代表着整个队伍。这三个工具在赛龙舟中缺一不可				8min

过程环节	时长参考
环节三：制作龙舟工具 我们刚刚认识了划龙舟需要的工具，你最喜欢哪一种工具呢？ 小朋友们自由分享。 小朋友们说得真棒。老师用黏土做了非常漂亮的龙舟工具，大家一起来看看吧。 看完老师做的，小朋友用桌面上的黏土来制作自己喜欢的龙舟工具	14min
环节四：幼儿展示作品，教师小结 1. 幼儿展示作品。 小朋友们制作了自己喜欢的龙舟工具，都知道了划龙舟工具有哪些。有哪个小朋友分享一下自己制作的龙舟工具？在龙舟比赛的时候，它是谁用的工具呢？它有哪些作用？ 2. 教师小结。 其实我们做很多事情都需要用到不同的工具，工具可以帮助我们更好地把事情做完，平时大家可以仔细留意一下身边还有哪些常用的工具	5min

活动建议

　　1. 本次活动的重点是认识划龙舟的工具，教师应营造情境氛围，提醒幼儿留意观察划龙舟的工具，并通过手工的方式表现出来。

　　2. 教师可根据幼儿掌握情况提供图片，供幼儿学习模仿。

资源参考

　　1. 图片资源：环节二——划龙舟的工具图片。

龙舟鼓

龙舟桨

龙舟旗

2. 视频资源：

（1）黏土视频。（略）

（2）划龙舟视频。（略）

艺术：鼓励幼儿用自己的作品装饰主题墙。

亲子活动

幼儿和爸爸妈妈分享赛龙舟要用到的工具。

活动2 龙舟哪儿去了

活动目标	1. 通过藏龙和起龙，了解龙舟存放、保管的方法及原因。 2. 通过了解龙舟存放的方法，掌握生活中各种物品的存放与保管。 3. 培养及时收纳保管物品的良好习惯		
涉及领域	健康　语言　**社会**　科学　艺术	课时	30min
活动准备	龙舟存放的视频，连线卡片		
重点区域	语言区：将龙舟存放的图片粘贴在该区域内供幼儿交流讨论		
过程环节			**时长参考**
环节一：问题导入，引发幼儿思考的兴趣 端午节经常会有划龙舟的活动，但是大家有没有发现，除了端午节以外，我们平时能看到龙舟吗？它们这么大，都去了哪里呢？ 幼儿自由讨论，分享自己的看法			4min
环节二：播放纪录片，了解龙舟存放的知识 1. 通过提问，引发幼儿思考。 龙舟是如何存放或保管起来的呢？ 如果被藏在河底，它会坏吗？会不见吗？ 如果让你来保管龙舟，你会想什么办法？ 2. 幼儿自由讨论，教师进行引导，鼓励幼儿发散思维，想出不同的解决办法。 原来我们的龙舟在过完端午节以后会被藏在河底，因为造龙舟的木头并不普通！传统龙舟一般是用坤甸等密度较大的红木作为材料，这种红木不怕浸水，但是它最怕因太阳暴晒而爆裂。为保存龙舟，古人就想出了用河滩鱼塘底湿润的淤泥来包裹龙舟的方法，这样历经数十年龙舟都不会腐朽			6min
环节三：借助龙舟存放，联系生活实际 原来我们的龙舟在不用的时候是埋藏在河底的。在日常生活中，我们也会对不用的物品进行合理的存放。比如，我们用的杯子会存放在杯架上，毛巾会放在毛巾架上。把不用的物品放在合适的地方，这是一种很棒的生活习惯，让我们一起动起手来收纳吧。			17min

续表

过程环节	时长参考
现在我们来玩一个游戏。在我们的桌面上有很多不同的小物件和生活场景的卡片，小朋友们需要在最短的时间里找到它们适合放置的地方，把匹配的小卡片放在一起。比如，杯子应该和杯架放在一起，铅笔应该和铅笔盒放在一起。我们一起来看看谁最快把全部卡片都分类成功。 幼儿进行归类卡片的游戏。教师设置10种物品和生活场景，5个为一组。游戏分为两轮，每轮幼儿所拿到的卡片都不同	17min
环节四：师幼小结 教师表扬积极思考、爱想办法解决问题的小朋友。 我们学习了龙舟的存放方法，也通过一个小游戏知道了原来用完的物品要合理地存放，这样才能在下次需要时继续使用。小朋友们在游戏中表现得都很不错。看来小朋友们都是生活中的收纳小能手。不仅仅是今天，以后我们在生活中也要把自己的物品好好存放、好好保管，养成好习惯，做一个爱收拾、爱整理的好孩子	3min

 活动建议

1. 此次活动的重点是提出问题并解决问题，教师应循序渐进，给幼儿提供思考问题、解决问题的机会，思考龙舟的保存方法。

2. 此次活动的难点是让幼儿从龙舟存放的学习中延伸到知道生活物品也要做好存放保管的道理，并鼓励幼儿要好好存放自己的物品。

资源参考

1. 图片资源：环节二——龙舟存放的地方。

2. 视频资源：龙舟存放视频。（略）

语言：与小伙伴讨论其他保管龙舟的方法。

幼儿与家长一起用家里的物品进行收纳游戏。

活动3　探究龙舟的座位

活动目标	1. 知道生活中不同的场合会有不同的座位安排，初步了解龙舟座位的排列。 2. 在活动中熟悉龙舟座位并能熟练运用。 3. 培养发现问题及解决问题的能力，激发对龙舟细节探究的兴趣		
涉及领域	健康　语言　**社会**　科学　艺术	课时	30min
活动准备	各种场合的座位摆放图片、龙舟座位图片等		
重点区域	语言区：将龙舟的平面座位图粘贴在该区域供幼儿交流讨论		
过程环节			**时长参考**
环节一：谈话导入 小朋友们，在日常生活中我们去搭公交车，有没有留意公交车的座位是什么样子的呢？ 坐小轿车，我们会坐在车子的哪里呢？如果坐飞机，乘客们又会坐在哪里呢？ 观看图片，让幼儿发现不同场合我们的座位是不一样的。 其实不仅在生活中我们的座位有不同的安排，龙舟的座位也是有特殊安排的，我们一起来看看吧			4min
环节二：观察龙舟的座位图，并分享自己的发现 通过图片，你看到龙舟的座位是怎样排列的？ 你发现队员划龙舟时是怎样安排及分工的吗？ 幼儿讨论交流自己的发现。 划龙舟分为头桨、动力桨、推力桨三个位置。头桨这个位置的人最辛苦了，但他是最重要的，他推着龙舟往前动起来。在动力桨位置的人既推着前面的，又拽着后面的。而推力桨从船尾发力，舵手在船尾，控制方向。所以，船的每个部位都发挥着它们自己的力量，让龙舟向前动起来。而船上的角色又有着不同的名字。站在船前面的叫作鼓手和锣手，坐在船中间的叫作桨手，在船尾的叫作舵手			6min

续表

过程环节	时长参考
环节三：幼儿模拟，熟悉龙舟角色的位置安排 小朋友们想不想当小小龙舟手呢？我们的操场上有一艘漂亮又精致的龙舟等着各位小朋友，小朋友们将会扮演舵手、鼓手、锣手和桨手。大家还记得每个位置上的人都在龙舟的哪个位置吗？让我们再来复习一遍吧。舵手在船的尾端，鼓手在船的前端，锣手站在船头，桨手坐在船的中间位置。小朋友们请记好，游戏要开始了。 1. 教师介绍游戏规则。 教师把幼儿分成四部分，其中舵手、鼓手和锣手各一名，其余的为桨手。幼儿按照前面介绍了解的各角色所在的位置，最快最好地站在龙舟的相应位置，比比谁的反应最迅速。游戏可以进行三轮，每轮角色进行互换，确保幼儿可以体验不同角色的位置安排。 2. 开始游戏。 教师提醒幼儿注意安全。若幼儿忘记所扮演的角色的站位，可进行适当的提示	18min
环节四：教师小结 今天小朋友们通过观察，发现了龙舟座位的安排，也通过游戏加深了对龙舟座位的了解。这告诉我们要善于观察并探究身边的事物	2min

1. 此次活动的重点是了解龙舟座位的排列，教师应循序渐进，提出问题引导幼儿思考。

2. 此次活动的难点是思考龙舟座位的排列以及划龙舟队员的分工安排，教师无须过多讲述龙舟相关知识，更重要的是引导幼儿进行观察，鼓励发现。

图片资源：

（1）环节一——不同场合座位图片。

（2）环节二——龙舟座位图片。

延伸活动

　　社会：生活中能掌握不同场合的座位并讲究座位的礼仪。

亲子活动

　　幼儿与家长一起观察其他场合的座位图。

活动4　认识测量工具

活动目标	1. 初步了解各种测量工具及其用途。 2. 对物体进行测量时能正确地使用工具。 3. 在运用工具时遇到困难知道寻求办法解决问题		
涉及领域	健康　语言　社会　科学　艺术	课时	30min
活动准备	准备各种各样的尺子：直尺、卷尺、软尺等		
重点区域	益智游戏区：将测量工具投放在该区域内供幼儿观察使用		
过程环节			时长参考
环节一：问题提出，导入主题 老师有个问题想请大家来帮忙解决。如果我想知道电视机的长度，能用什么方法知道呢？ 鼓励幼儿进行自由讨论，想出不同方法			3min
环节二：逐一出示各种测量工具并认识它们 你知道这是什么吗？你在哪里见过它？ 它的作用是什么呢？ 那我们一起看个小视频。 测量工具有很多种，测量同一种物品可能会用到不同的测量工具，我们一起来尝试一下吧。 教师邀请幼儿尝试用不同测量工具对电视机进行测量并及时给予帮助和指引。 我们认识了直尺、卷尺、软尺、皮尺。软尺摸起来很软，它可以弯曲折叠，所以可以用来量衣服。皮尺可以在体育运动中测量长度，比如，当我们跳远的时候，可以测量我们跳得有多远。因为每个尺子都有它不同的特点，所以它在生活中的用法也会不一样。 教师鼓励幼儿借助不同测量工具尝试测量不同物品（桌子、书等）			15min

续 表

过程环节	时长参考
环节三：提出问题讨论 大家学习了用不同测量工具来测量物品的长度。如果没有测量工具，我们又能想出什么方法来测量呢？ 教师鼓励幼儿发散思维，讨论不同测量方法。 教师进行适当提醒，如能不能用我们的手或者身边的物品来代替测量工具呢？ 如果让你用手来测量电视机的长度，你会如何测量？ 幼儿分小组自由讨论，教师邀请幼儿进行分享及示范	10min
环节四：教师小结：生活中要学会借助工具进行测量 生活中处处都需要用到测量。在测量时我们可以借助工具进行测量，也可以利用身边的物品来测量，甚至可以用手来测量。所以，我们要学会利用身边的工具来解决问题	2min

活动建议

1. 本次活动的重点是认识测量工具，教师应营造情境氛围，给幼儿反复、充分使用测量工具的机会，引导幼儿思考如何测量，培养幼儿的求知欲。

2. 注意考虑测量工具与生活的连接。比如，对什么时候应该用什么测量工具要有基本的判断能力。

资源参考

视频资源：尺子的用途。（略）

延伸活动

益智区：把各种测量工具放置在该区域让幼儿进行测量。

亲子活动

幼儿和家长一起测量家中的物品。

129

活动5   认识测量单位

活动目标	1.通过观察，初步发现测量工具上刻度的规律及大小。 2.能初步认识常见的测量单位：米、厘米。 3.培养幼儿对物体的探索能力和逻辑思维能力		
涉及领域	健康　语言　社会　科学　艺术	课时	30min
活动准备	软尺、直尺若干，矿泉水瓶盖，不同长度的笔		
重点区域	益智游戏区：提供各种测量工具让幼儿进行测量		
过程环节			时长参考
环节一：用谜语导入主题 今天老师准备了一个谜语给大家猜一猜。谜语：说长道短，不差毫分，不管对谁，一样公平。 答案就是尺子！ 请大家认真观察一下这几把尺子，你发现上面都有什么？ 有什么是不一样的？ 教师引导幼儿认识厘米和米。 每一把尺子上面都有数字、刻度，有不同的单位，如厘米和米。小朋友们知道1厘米有多长吗？其实矿泉水瓶的盖子厚度差不多有1厘米，在我们教室里挂的那种长条形的灯管（若课室无灯管，则需准备长条积木），长度就接近1米。小朋友们清楚了吗			5min
环节二：教师教幼儿学习测量的方法 我们大概知道了1厘米和1米有多长。接下来就要开始测量物品了。在我们测量的时候，尺子的零刻度线与物品的起点要对齐，现在老师提供多种不同长度的笔给大家尝试测量，测量后可以与旁边的小伙伴商量结果。让我们一起来试一试吧			5min

续 表

过程环节	时长参考
环节三：幼儿一起动手测量桌子长度 幼儿分组测量。（可让幼儿反复测量，说出测量出的长度） 小朋友们在测量的时候一定要做上记号，接着量的时候尺子要和记号对齐，不然测量出来的长度是不准确的。 在使用软尺时需要大家合作测量，一人负责固定软尺的零刻度线与物品的起点对齐，另一人负责拉软尺到物体的终点并正确记录数据	10min
环节四：小组讨论 为什么大家测量的桌子长度会出现不同的结果？ 因为用的工具单位不同，所以量出的结果也不同。 教师帮助幼儿测量桌子的长度（120厘米）	7min
环节五：教师小结 我们今天认识了测量的单位，还知道了测量的结果和测量的单位有关。在大家共同的努力下，我们一起测量出了桌子的长度。其实生活中，有很多物品都可以测量。比如，电视机、水杯、铅笔盒、书包，还有我们的书本等。活动结束后，我们和小伙伴们动手量一量吧	3min

活动建议

  1. 本次活动的重点是认识测量工具，教师应营造情境氛围，给幼儿反复、充分使用测量工具的机会，着重培养幼儿的动手能力，引导幼儿积极测量，体会到测量与我们的生活息息相关。

  2. 幼儿自主测量的时候，教师应多提示幼儿操作的规范性。

延伸活动

  社会：寻找其他测量工具。

亲子活动

  幼儿和家长一起测量家中的物品。

龙舟精神

活动1　趣味轮胎

活动目标	1. 大胆地探索轮胎的多种玩法，激发幼儿的创新意识，体验游戏带来的乐趣。 2. 发展跑、跳、平衡等基本技能，训练幼儿的协调性和灵敏性。 3. 培养幼儿与他人友好合作的意识，使幼儿能与其他幼儿共同游戏，乐意与他人交流、分享不同的玩法		
涉及领域	健康　语言　社会　科学　艺术	课时	30min
活动准备	轮胎若干个，小红旗一面		
重点区域	益智游戏区：投放轮胎供幼儿游戏体验		
过程环节			时长参考
环节一：带领幼儿到操场做热身运动 今天我们要玩个小游戏，在玩游戏之前，我们要先做热身运动。 教师带领幼儿做热身运动：扩胸运动，头颈运动，腹背运动，跳跃运动，分别活动脚腕、手腕、膝盖，前后压腿，左右压腿（教师可根据幼儿体力或者天气变化进行适当的热身运动）			3min
环节二：轮胎玩法大比拼 小朋友们，在我们的操场边上有很多轮胎。我们要进行"轮胎玩法大比拼"的游戏，现在请小朋友先自己尝试一下轮胎有哪些玩法。 幼儿自由探索轮胎的玩法。（滚、走、跳） 小朋友们在玩的时候要相互学习哦。在滚轮胎、跳轮胎的时候，要注意保护自己，不要受伤			5min
环节三：集体练习，共同体验轮胎的玩法 大家想到了很多不同的玩法。我们挑选其中的三个玩法，让我们一起来玩吧。 玩法一：滚轮胎。单手或双手向前滚轮胎。 玩法二：走轮胎。将轮胎一个挨着一个平放在地上，踩着轮胎两端走过去。 玩法三：跳轮胎。将轮胎平放在地上，从轮胎外跳进轮胎中心			6min

续 表

过程环节	时长参考
环节四：游戏比拼，轮胎大挑战 1.分组玩接力赛游戏，讲解活动规则。 我们来玩一个接力赛游戏，请小朋友们听清楚游戏规则。小朋友分成四个组，先跳前面的轮胎，然后站在中间的轮胎上面走，接着用双手把最后一个轮胎滚向前面的旗子，绕过雪糕筒放回原位，最后跑回起点，与小组队员击掌，那样就算接力成功了。后面的小朋友要像上一个小朋友一样重复，一直到最后的小朋友跑回终点才算胜利。小朋友们听明白了吗？那我们开始比赛吧。 2.教师在游戏过程中引导幼儿给同组的小伙伴鼓励加油	14min
环节五：师幼小结并进行放松运动 我们刚才进行了趣味轮胎的比赛，你觉得自己表现得怎样呢	2min

活动建议

    1.本次活动的重点是进行趣味轮胎的游戏。教师应注意观察幼儿的神态，提醒幼儿注意安全，引导幼儿之间相互合作、传授经验，相互打气鼓励。

    2.在幼儿自由探索轮胎玩法时，教师应注意观察幼儿有哪些玩轮胎的方法，谁最会玩，及时反馈玩的方法和技巧。

延伸活动

    健康：幼儿探索轮胎新游戏玩法。

亲子活动

    幼儿与家长一起玩趣味轮胎游戏。

活动2 越过障碍

活动目标	1. 知道可以充分利用小栏杆、小椅子做运动，学会跨障碍跑。 2. 提高幼儿的跨、跑能力，促进幼儿腿脚部分的肌肉发展，提高幼儿身体的平衡能力及反应能力。 3. 在集体活动中愿意参与竞赛活动，具有集体荣誉感		
涉及领域	健康 语言 社会 科学 艺术	课时	30min
活动准备	不同高度的小型跨栏若干，报纸球，篮子，刘翔的照片（彩色打印）		
重点区域	益智游戏区：提供道具器材，鼓励幼儿多练习并创编新玩法		
过程环节			时长参考
环节一：图片引入游戏 大家知道照片上的人是谁？小朋友们认识他吗？（他是跨栏高手，被称为"亚洲飞人"，他是刘翔） 刘翔是我们国家跨栏非常厉害的运动员，拿过很多世界冠军。大家想不想变成和他一样厉害的人呢？接下来让我们变身为小小运动员，一起来跨栏吧			3min
环节二：进入活动场地，进行热身运动 1. 教师带领幼儿跑步进入活动场地。幼儿自由散开，教师组织幼儿在相应的位置上站好。 2. 教师带领幼儿做热身运动：扩胸运动，头颈运动，腹背运动，跳跃运动，分别活动脚腕、手腕、膝盖，前后压腿，左右压腿（教师可根据幼儿体力或者天气变化进行适当的热身运动）			3min
环节三：开始游戏 教师带领幼儿用小型体育器械越过前方的障碍，感受跨栏高度。 第一轮高度：前面三个是低的，后面两个稍微高一点。 第二轮高度：前面两个是低的，后面三个是高的。（把前面的跨栏变成用跨栏架起来的平衡木，提高跨度）			22min

过程环节	时长参考
我们一起来玩跨越障碍的小游戏。 1. 幼儿分成四个小组，前面的小朋友在完成跨栏后，跑回来和自己小组的小伙伴拍手，下一个幼儿才开始向前跑。 2. 幼儿每人手里拿一个报纸球，跨栏后放到对面篮子里，进行小组接力跨栏比赛，用时最短为胜。 提醒幼儿，在游戏中一定要注意安全，跨栏时要抬起脚来，保护好自己	22min
环节四：做放松运动并进行小结 今天的游戏你表现得怎样？你们小组表现得怎样？下次要怎样做才会更好？ 运动完之后，让我们一起来做放松运动吧	2min

本次活动在练习前一定要讲明白规则，然后进行练习。教师需特别注意胆子小的幼儿，对于幼儿的进步及时进行鼓励，并提醒幼儿注意安全。

图片资源：刘翔的照片。（略）

延伸活动

语言：观看一场刘翔的比赛，并说说感受。

亲子活动

幼儿回家后跟家人玩越过障碍的游戏，并创编更多的玩法。

活动3 两人三足

活动目标	1. 知道合作游戏时同伴间要相互配合，共同努力。 2. 锻炼下肢力量，培养身体的协调性和平衡性。 3. 体验龙舟活动中相互配合、互帮互助的精神		
涉及领域	**健康** 语言 社会 科学 艺术	课时	30min
活动准备	平整的场地，绳子若干，书包（增加重量），终点标志		
重点区域	益智游戏区：提供道具器材，鼓励幼儿利用器材创新游戏玩法		
过程环节		**时长参考**	
环节一：整队做准备运动 教师带领幼儿跟着《健康歌》做热身运动：扩胸运动，头颈运动，腹背运动，跳跃运动，分别活动脚腕、手腕、膝盖，前后压腿，左右压腿（教师可根据幼儿体力或者天气变化进行适当的热身运动）		4min	
环节二：教师简述游戏规则，做好分组，准备比赛 1. 教师画好起点线，在跑道尽头放好四个终点标志。 2. 把幼儿分成四个小组，幼儿自由选择一位小伙伴，老师帮忙用绳子把一名幼儿的右脚和另一名幼儿的左脚拴在一起，幼儿排成四列纵队准备		3min	
环节三：正式比赛 我们的比赛即将开始啦。在比赛过程中我们要注意安全，要注重和小伙伴之间的配合。 玩法一：起点和终点之间不设障碍，听到口令后，四组幼儿两人一组，手拉手同时从起点出发，沿跑道直接走向终点，绕过终点标志先返回起点为胜。 玩法二：（增加难度）在起点和终点之间，每一列安排三名幼儿做障碍。参加游戏的幼儿要背上有重量的书包，听到口令后，四组幼儿两人一组，手拉手同时从起点出发，蛇形走绕过障碍冲向终点，绕过终点标志先返回起点为胜。 每种玩法根据时间组织，活动过程中提醒幼儿注意安全		18min	

续 表

过程环节	时长参考
环节四：教师小结 小朋友们，在两人三足比赛中，老师留意到有小朋友不小心摔倒了。那有没有小朋友能告诉大家，在游戏中我们应怎样走才可以不摔倒呢？ 在两人三足的游戏中，光靠一个小朋友的努力是不行的，很容易摔倒，需要互相配合、步调一致，一起努力朝着终点走去，这样才会成功。就好像划龙舟一样，也需要这样团结的精神，才能划得又快又好。小朋友们在生活中遇到困难时也要和小伙伴相互配合、互帮互助	5min

活动建议

1. 教师应在游戏过程中提醒幼儿注意安全，在幼儿摔倒时及时关注，鼓励幼儿站起来再比赛。

2. 教师应重点关注从本次游戏活动延伸到龙舟精神的学习上，注重游戏与龙舟之间的连接，提示幼儿划龙舟也像两人三足，需要互相帮助和团结一致。

资源参考

音频资源：《健康歌》。（略）

延伸活动

健康：幼儿回家尝试游戏的新玩法。

亲子活动

幼儿与家长玩两人三足的游戏。

活动4 运粮食

活动目标	1. 了解游戏规则，增强规则意识。 2. 在运粮食的活动过程中遵守游戏规则，锻炼四肢协调能力。 3. 培养团结合作精神，体验与同伴合作游戏带来的快乐		
涉及领域	健康 语言 社会 科学 艺术	课时	30min
活动准备	若干小沙袋（粮食），小凳子（障碍物），筐子（粮仓），游戏音乐		
重点区域	益智游戏区：放置游戏所需要的道具供幼儿自主练习		
过程环节			时长参考
环节一：创设情境激发幼儿参与活动 我们都知道《悯农》这首诗讲的是烈日当空的正午，农民伯伯仍然在田里劳动的情景。那小朋友们知道到秋天农民伯伯都会做什么呢？ 秋天的时候，农民伯伯都忙着收粮食，现在他们邀请小朋友们帮忙运粮食，我们动起来吧。 教师带领幼儿做准备运动			3min
环节二：探索搬运的方法 出示沙袋，鼓励幼儿探索搬运的方法。 1. 自由探索运粮方法（鼓励幼儿大胆尝试各种运粮方法，如背、扛、挑、顶、拎等）。 2. 幼儿交流运粮方法。 教师有意识地选择幼儿中出现的几种搬运方法引导幼儿学一学。 其实我们有很多种可以搬运粮食的方法，你们认为哪一种更不费力气呢？ 其实背着或者扛着都可以节省力气。 3. 幼儿尝试两两合作运粮食			5min

续 表

过程环节	时长参考
环节三：接力运粮食比赛 老师先介绍游戏规则，请大家仔细听。 我们游戏分为四组进行，当老师说开始，每组第一个小朋友背上"粮食"弓着腰，向前绕过两把椅子到达终点。前面的小朋友把"粮食"送到"粮仓"后，转身跑回起点和下一个小朋友击掌，下一个小朋友才能开始运"粮食"，依次进行。小朋友游戏时需要注意，要把"粮食"保护好。在运送"粮食"的途中不能让"粮食"掉下来。 根据幼儿玩游戏的情况，可让幼儿练习后进行比赛，可以把"粮食"放在头顶、肩膀上，并增加障碍物等，不断提高游戏活动的难度	18min
环节四：幼儿分享游戏心得，教师总结游戏收获 有哪位小朋友可以告诉大家，今天玩这个游戏最让你印象深刻的地方是哪里呢？ 在接力搬运"粮食"的时候需要我们团结在一起，为了共同的目标一起努力奋斗，这样才能在最短的时间内完成任务。同时，我们在游戏的时候有些小朋友的"粮食"掉在地上，需要重新开始，我们要遵守游戏规则	4min

 活动建议

　　本次的活动重点在于要鼓励幼儿不能掉下"粮食"，要把"粮食"送到"粮仓"内。因此，教师在游戏时要提示幼儿背好"粮食"，不能让"粮食"掉下来，从而培养幼儿建立规则意识。

延伸活动

　　语言：和小朋友探讨怎么运"粮食"更快。

亲子活动

　　请幼儿回家和家长分享游戏体验。

活动5　平衡游戏

活动目标	1. 学习与同伴商量，合作游戏，体验合作成功的乐趣。 2. 锻炼幼儿的腿部力量和协调性，提高幼儿的平衡能力。 3. 在平衡游戏中体验团结协作的龙舟精神，培养竞争意识		
涉及领域	健康　语言　社会　科学　艺术	课时	30min
活动准备	若干平衡木、长条凳、龟背壳等		
重点区域	益智游戏区：放置游戏所需要的平衡凳供幼儿自主探索新玩法		
过程环节			时长参考
环节一：师生进行热身运动 教师带领幼儿到操场上一起做热身运动。 今天我们玩一个新游戏，叫作平衡游戏			3min
环节二：幼儿自由探索平衡游戏的玩法 出示平衡木、长条凳、龟背壳等器械，鼓励幼儿探索。 我们用这些器械可以怎么玩呢？大家一起想想，来试一试吧！ 教师根据幼儿的想法给予指导，并提出注意事项。 教师对大胆想象和表现的幼儿给予肯定。 教师组织幼儿集中展示有新意和锻炼价值的几种玩法			6min
环节三：感受平衡游戏 1. 时间挑战。 请幼儿自由选择平衡器械，双脚站立，双手高举，开始数数或教师计时，以站立时间最长的为胜。 请幼儿自由选择平衡器械，单脚站立，双手侧平，开始数数或教师计时，以站立时间最长的为胜。 2. 创新组合，过小桥。 请幼儿把所有器械拼接成两至三座小桥，幼儿分成两至三组后，以竞赛的形式通过小桥，以最快通过的为胜。 教师根据幼儿游戏情况提高游戏难度			18min

过程环节	时长参考
环节四：小结分享并放松 1. 引导幼儿总结经验，引起思考。 2. 放松运动	3min

1. 本次活动的重点在于引导幼儿相信伙伴，相信自己，克服恐惧。游戏过程中可能会出现幼儿出于恐惧不敢站上平衡器械的情况，因此教师要注重鼓励引导幼儿克服恐惧，完成挑战。

2. 出于安全考虑，游戏所用的平衡器械高度尽量不要太高，以免幼儿受伤。同时在游戏过程中，教师需时刻注意提醒幼儿注意安全。

健康：幼儿和小伙伴们一起挑战难度更高的平衡游戏玩法。

亲子活动

请幼儿回家和家长分享游戏体验。

龙 舟 寻 源

活动1　源起东乡村

活动目标	1. 了解东乡村的龙舟故事，知道东乡村的特色是龙舟竞渡。 2. 愿意大胆表达和分享东乡村的龙舟故事，并能通过绘画作品描绘东乡村。 3. 愿意了解东乡村，感受家乡的发展变化，并为此感到自豪和高兴		
涉及领域	健康　**语言**　社会　科学　**艺术**	课时	30min
活动准备	东乡村赛龙舟视频，东乡村赛龙舟夺冠照片，东乡村重要地点照片		
重点区域	语言区：提供东乡村龙舟的图片、影像资料等，引导幼儿看看、说说		
过程环节			时长参考
环节一：播放东乡村赛龙舟视频，引入主题 小朋友们，今天我们一起来看一段视频，看完之后要请小朋友们告诉大家视频里的人在干什么，你认识他们吗？ 幼儿自由讨论视频内容。 小朋友们观察得真仔细。老师要告诉小朋友们一个消息，这个视频里的龙舟队其实来自我们东乡村，视频里的人也是东乡村的村民。所以，真正的赛龙舟高手其实就在我们的身边			4min
环节二：讲述东乡村的龙舟故事 小朋友们一起来看看图片，从图片里我们能看出什么呢？ 幼儿讲述图片内容。 这些图片是2018年国际龙舟赛上东乡村夺冠的照片。小朋友们知道吗？我们东乡村是一个龙舟强村。2018年的时候，东乡村龙舟队作为番禺区唯一一支传统龙舟代表队参加了600米的比赛。当时哨声一响，鼓手擂响战鼓，我们的龙舟队员在赛道上一路顽强拼搏，直冲终点。最终以比第二名快3.33秒的优异成绩，获得了这个项目的第一名。让我们一起为他们鼓掌吧。 现在大家都知道我们东乡村是很厉害的，真不愧是龙舟强村。大家在这里生活了这么久，一定知道一些东乡村的小故事吧。老师刚刚讲了东乡村的故事，那小朋友们对东乡村的哪个地方印象比较深刻呢？为什么呢？是因为那里比较漂亮还是当时发生了什么事情呢？快和老师、小伙伴们分享一下吧，老师已经迫不及待地想听你们讲故事了呢			6min

续 表

过程环节	时长参考
环节三：绘画自己所认识的东乡村 原来大家眼中的东乡村是这么漂亮，像一幅画一样。那我们现在一起把东乡村画出来好吗？ 幼儿绘画并分享绘画内容	17min
环节四：教师小结 请说说你画了什么，这是东乡村的哪里？ 原来东乡村在大家眼里是这么美丽的，大家以后要好好爱护我们生活的这个地方	3min

1. 本次活动的重点在于引导幼儿知道东乡村是一个龙舟强村，并引导幼儿分享自己眼中的东乡村，因此教师需要多进行提醒引导，帮助幼儿回忆他们对东乡村的印象，哪怕只是很普通的地方或者事情，都鼓励幼儿大胆表达，激发幼儿对东乡村的情感。

2. 建议幼儿园提供展示东乡村比较重要的地点的照片，帮助幼儿回忆东乡村的故事。

资源参考

1. 视频资源：东乡村龙舟。（略）

2. 图片资源：

（1）环节二——赛龙舟。

（2）环节二——庆祝佳绩。

语言：幼儿和小伙伴一起收集更多的东乡村历史故事。

幼儿给父母复述东乡村的龙舟故事。

活动2 东乡村的龙舟印迹

活动目标	1. 了解"沿沙"的来源，知道"沿沙"与"东乡"的联系。 2. 了解东乡村的历史故事，并能大致讲出故事的情节，与其他人进行分享。 3. 能在活动中积极发现，勇于表现，增强对东乡的归属感		
涉及领域	健康 **语言** 社会 科学 艺术	**课时**	30min
活动准备	龙舟桨图片，水道图片，泥沙图片，沙洲图片		
重点区域	语言区：提供东乡村龙舟桨以及水道泥沙的图片，引导幼儿说说"沿沙"与东乡的关系		
过程环节			**时长参考**
环节一：图片引入"沿沙" 小朋友们，在前面的学习中，我们都体会到了东乡村的美丽。现在我们一起来看几张东乡村的龙船桨图片，仔细观察，图片上有什么特点？ 是的。上面写着"东乡""沿沙"。每当有人提起东乡村，就会有人提起"沿沙"。这是为什么呢？你知道"沿沙"代表什么意思吗？ 幼儿自由讨论猜测			4min
环节二：幼儿听老师讲"沿沙"与东乡的关系 好啦，小朋友们的猜测真是有趣，让老师来揭晓谜底吧。请认真听，老师有个小题目要考考大家。 提起"沿沙"和东乡的关系，就不得不提起东乡村的由来。据有关资料记载，东乡村始建于1780年，因为它位于很多水道的交汇处，泥沙堆积起来形成沙洲，于是东乡先民就在这里扎根了。历史上，东乡村因为位置处于水道的交汇处，泥沙淤积，形成沙洲，所以称为"沿沙"；后来这个地方分设东、西两乡，于是就有了东乡村。也就是说，"沿沙"是东乡的曾用名。就像小时候父母给我们起的乳名，虽然它不是正式的名字，但是东乡村的人们永远记在心底，从未淡忘			6min
环节三：幼儿排序并复述自己听到的东乡村故事 小朋友们听清楚老师讲的故事了吗？现在老师要发几张照片，上面分别代表了水道、泥沙、沙洲。请根据这几张照片排出故事的先后顺序，然后根据图			17min

续　表

过程环节	时长参考
片给大家讲讲其中的内容。小朋友们要发挥你们的智慧，好好回忆老师刚刚讲的小故事哦。 小朋友们仔细想想看，水道、泥沙、沙洲，这三个词语你会想到什么呢？让我们一起来看看，谁是第一个勇敢的小朋友呢？ 教师邀请3～6名幼儿根据图片回忆故事。若幼儿忘记了，教师可帮助	17min
环节四：教师小结 小朋友讲的故事比老师讲的还精彩。大家都是勇敢的小朋友。在这节课里，我们了解了"沿沙"和"东乡"的关系，也更进一步了解了东乡的历史故事。小朋友们可以在课后和其他小朋友一起分享这个故事	3min

活动建议

　　本次活动的重点在于知道"沿沙"与"东乡"的联系，因此要注重让幼儿通过排序图片，从图片中回忆故事内容并复述这一过程。让幼儿通过复述故事的内容加深理解，建立"沿沙"与"东乡"的联系。教师在讲述"沿沙"故事前需提醒幼儿注意倾听，适当运用肢体语言加深幼儿印象，帮助幼儿记忆，并鼓励幼儿在课后与他人分享东乡村的故事。

资源参考

　　图片资源：

　　（1）环节一——龙舟桨。

（2）环节二——水道。

（3）环节二——泥沙。

（4）环节二——沙洲。

延伸活动

幼儿与小伙伴分享东乡村的历史故事。

亲子活动

幼儿和父母寻找更多的东乡村龙舟印迹。

活动3　回顾历史

活动目标	1. 知道东乡村有着"通海第一"称号，了解龙舟是东乡村的闪亮名片。 2. 鼓励幼儿大胆想象，敢于尝试，通过各种方式对东乡村龙舟标志进行设计。 3. 在艺术活动中乐于创作，激发幼儿对东乡村的归属之情		
涉及领域	健康　语言　社会　科学　艺术	课时	30min
活动准备	东乡村赛龙舟图片及视频，各种logo标志，绘画工具		
重点区域	美工活动区：投放笔、纸供幼儿画龙舟旗		
过程环节			时长参考
环节一：播放东乡村赛龙舟的视频，引起兴趣 我们今天一起来看看2018年东乡村的一场龙舟赛视频。 你们能猜出来哪个队拿了第一名吗？你们是怎么知道的呢？ 没错。在前面的活动中，我们知道了东乡村是一个龙舟强村，赛龙舟是东乡村最值得骄傲的地方			3min
环节二：讲解东乡村龙舟历史成就 龙舟在东乡村已经有很多年的历史了。早在1930年，东乡村的沿沙船就在省内获得"通海第一"的称号。大家一起来看看屏幕上的照片吧。现在的东乡村龙舟队已获得了20多项赛事奖项，包括"广州市国际龙舟邀请赛"这一类重量级的比赛冠军。每年的端午节，东乡村在参加各种比赛时，村里面也会举行比赛。村民都会来到东乡龙舟训练基地"腾龙苑"的两岸，为我们的东乡村龙舟呐喊助威。 我们东乡村不仅是龙舟强村，而且有着"通海第一"称号。			10min
环节三：幼儿设计东乡村龙舟标志 小朋友们有没有发现？龙舟上都会插一面船旗，在我们的生活中，不仅有龙舟旗，也有龙舟标志。 大家看看这些标志，你发现了什么？ 所有标志的设计图案都是很简单的，它们颜色鲜艳能吸引注意，简洁、富有创意，让人们一看就能猜出是什么。			14min

续 表

过程环节	时长参考
作为东乡村的一分子，我们要不要一起为我们东乡村龙舟队设计一个独一无二的龙舟标志呢？快快发挥你的想象，拿起桌面上的彩笔和纸，把你们的想法画出来吧！ 幼儿和老师、小伙伴一起进行龙舟标志的设计	14min
环节四：教师小结 小朋友们设计的龙舟标志真好看，看来大家对龙舟都有自己的想法。今天我们了解了东乡村龙舟的历史，真是大开眼界。我们都为自己是东乡人感到骄傲和自豪	3min

活动建议

　　本次活动的重点在于通过一系列的介绍和活动让幼儿产生对东乡村的自豪之情。因此，在设计东乡村龙舟标志的时候，教师需着重引导幼儿注意结合东乡村的特点来设计，从而提升幼儿对东乡村的归属感。

资源参考

　　1.视频资源：赛龙舟。（略）

　　2.图片资源：

　　（1）环节二——东乡村龙舟队夺冠。

（2）环节二——东乡村龙舟队旗帜。

（3）环节三——龙舟标志参考。

语言：看一场东乡村的龙舟比赛并和小伙伴分享。

幼儿和父母分享东乡村龙舟的历史成就。

活动4　番禺龙舟的发展

活动目标	1. 了解番禺的龙舟发展历史，知道番禺龙舟发展的变化，知道东乡村是番禺的一部分。 2. 培养观察能力和独立思考能力，能自主寻找异同。 3. 能在活动中积极表达自己的观点，增强对东乡村的归属感		
涉及领域	健康　语言　社会　科学　艺术	课时	30min
活动准备	传统龙舟图片，现代龙舟图片		
重点区域	语言区：提供传统龙舟和现代龙舟的图片，引导幼儿观察并找不同		
过程环节			时长参考
环节一：举例介绍东乡村和番禺的关系 你知道我们生活在广州市的哪个区吗？ 我们生活在番禺区的哪个村？ 其实，东乡村是番禺的一小部分。就好像我们都知道中国和北京，而北京是中国的首都，北京是中国的一部分。同样，东乡村也是番禺的一部分。我们都知道番禺是著名的"龙舟之乡"，东乡村是龙舟强村，赛龙舟作为一项民俗体育活动向来受到广州人民的喜爱，广州市更从1994年起就把端午节定为龙舟节。而有"龙舟之乡"之称的番禺，龙舟文化非常兴盛，龙舟竞渡历史有上千年之久			4min
环节二：介绍番禺龙舟发展的变化 小朋友们，我们一起来看一个视频吧。 我们刚刚从视频中看到，在番禺石楼有一个龙头已经有170多年的历史了。但其实龙舟的历史远远不止这170多年。大家想一想，为什么番禺的龙舟历史这么久远呢？其实是与番禺这个地方的位置特点有关系的。番禺这个			5min

过程环节	时长参考
地方在以前是有很多条河流的，它们就像一张蜘蛛网一样，密密麻麻地分布在整个番禺。在很久以前，船是人们生活中必不可少的交通工具。所以，对于番禺人来说，船是很重要的生活工具。 老师跟你们讲一个小故事吧。很久以前，在大洲出土了一艘古船，它就是埋没已久的大洲龙船。关于大洲龙船的由来，据史书所述，南宋末代皇帝赵昺被元军追赶，暂时驻留在了番禺。赵昺命令掌管宫殿营造的大匠梁太保到大洲这个地方营造宫殿，但是还没等宫殿建造完成梁太保就去世了。由于梁太保主持修建了一个庞大的宫殿，大洲人在村里建了一座梁公庙，并造了一艘龙船作为纪念。自那以后，这就成了一种地方风俗：每隔10年或20年，都会举行一次独特的龙船游渡。它已经成了番禺龙舟文化的特色。所以，赛龙舟在番禺已经有很多年历史	5min
环节三：展示龙舟图片，找不同 我们现在都知道番禺龙舟历史悠久。现代龙舟和传统龙舟长什么样子呢？我们一起来看看吧。 教师展示图片。 小朋友们有没有发现传统龙舟和现代龙舟有什么不一样的地方呢？老师今天和大家玩一个找不同的游戏。我们一起仔细观察图片上的龙舟，谁找到的传统龙舟和现代龙舟的不同之处最多，谁就赢了（旗子不同、座位不同、颜色不同、船头不同）	18min
环节四：教师小结 小朋友的眼睛都是雪亮的，找到了这么多处不一样的地方。我们今天走进了番禺，了解了番禺龙舟的发展和变化，相信大家都有很大的收获，对龙舟文化的认识又加深了	3min

活动建议

本次活动的重点在于厘清番禺与东乡村的联系。教师应通过举例子或类比的方式引导幼儿从东乡村龙舟文化过渡到番禺龙舟文化。另外，在找不同的时候，教师要引导幼儿仔细观察、认真思考，培养自主归纳找不同的意识。

1.图片资源：

（1）环节三——传统龙舟。

（2）环节三——现代龙舟。

2.视频资源：龙舟历史。（略）

社会：幼儿和小伙伴们参观龙舟基地。

幼儿给爸爸妈妈讲述番禺龙舟的发展。

活动5　各地龙舟的不同

活动目标	1. 了解在中国各地赛龙舟文化的不同。 2. 在了解龙舟文化的基础上，提升思考和探索能力，培养自主归纳找不同的意识。 3. 在活动中体验与同伴合作，感受竞赛的乐趣		
涉及领域	健康　**语言**　**社会**　科学　艺术	课时	30min
活动准备	各地龙舟图片（打印），中国地图，龙舟视频		
重点区域	语言区：提供各地龙舟的图片、影像资料等，引导幼儿发现、探索龙舟的不同		

过程环节	时长参考
环节一：通过地图展示中国不同的地方 小朋友们，我们一起来看看我们祖国的地图。一起来找找看，北京在哪里？西藏呢？广东呢？我们番禺在哪里呢？ 我们在中国地图上找不到番禺，这是为什么呢？ 因为番禺太小了，没有显示出来。番禺是广东的一部分，就像我们前面说的东乡村是番禺的一小部分一样。广东是爸爸，那番禺其实就是广东的其中一个孩子。大家明白了吗	2min
环节二：观看视频，了解不同地方的特色龙舟样式 其实通过刚刚的地图可以看出来，中国有很多不同的地方，那是不是只有番禺有龙舟呢？其他地方有龙舟吗？其他地方的龙舟和我们这里的龙舟长得一样吗？ 小朋友，在其他地方是有龙舟的。但是他们的龙舟和我们的不一样。我们一起来看看吧！ 教师播放两个视频，提醒幼儿注意观察龙舟的颜色、龙头部分	5min

过程环节	时长参考
环节三：深入认识不同地方的特色龙舟 我们从视频中看到了各种各样的龙舟画面。请说说你印象最深刻的龙舟。 大家一起来看这张图片，小朋友们仔细观察，看看龙头部分有什么不一样的地方呢？ 幼儿自由寻找龙舟的不同之处。 经过观察，我们发现它的龙头跟我们的龙头不一样。这是湖南汨罗的龙舟。龙头比较小巧可爱，没有太多的装饰和颜色，龙的胡子也比较少，较简单一些。 在贵州，他们的龙舟是五颜六色的，龙舟的"脖子"很长，颜色也比较鲜艳。龙头有一个非常好听的名字，叫作五彩龙头。 最有意思的是来自荆州的龙舟。当地村民划的不是龙舟，而是凤舟。在很久很久以前，当地官员为了讨太后的欢心，就赶制了一艘"凤舟"参加当年的龙舟赛，赛凤舟的传统就在荆州延续了下来。 欣赏了不同地方的龙舟，你能说说你最喜欢的是哪个地方的龙舟吗？为什么	15min
环节四：组织游戏，强化幼儿的认识 刚刚我们认识了不同地方的龙舟，下面我就要来考考大家！小朋友们要把图片和相对应的地方连接在一起，比如，当我说到荆州的时候，小朋友们就要指出对应的龙舟，然后说出它的特点。 我们再来熟悉一下这些龙舟，游戏一会儿就开始啦！ 教师组织分组竞赛游戏。 第一轮：教师说出地方名称，幼儿指出对应龙舟。 第二轮：教师指出龙舟，幼儿说出地方名称	6min
环节五：教师小结 我们的游戏到这里就结束了。小朋友们观察得真是又快又好。今天我们一起走进了中国的各个地方，看了不同的龙舟造型，相信小朋友们都感受到了中国各个地方龙舟的特色。小朋友们可以在活动后和大家一起分享	2min

活动建议

1. 本次活动的重点在于幼儿需要仔细观察龙舟的不同以及在地图上寻找地方名称。教师需要引导幼儿耐心、细心地寻找，在适当的时候给予肯定和鼓励。

2. 教师在讲述各地龙舟的特色时，要注意说话的语速，防止幼儿听不清地方名称及特色龙舟背后的故事。

1. 视频资源：特色龙舟样式。（略）

2. 图片资源：

（1）环节三——贵州龙舟。

（2）环节三——荆州龙舟。

（3）环节三——湖南龙舟。

延伸活动

艺术：幼儿画出自己喜欢的地方龙舟。

亲子活动

幼儿和家人一起查找更多地方的特色龙舟并了解其特点。

龙舟乡俗

活动1　学唱端午童谣

活动目标	1. 理解、学习童谣，初步了解童谣的韵律与节奏。 2. 迁移有关端午节习俗的相关经验，尝试续编、创编童谣。 3. 能结伴边拍手边朗诵童谣，对童谣活动感兴趣		
涉及领域	健康　语言　社会　科学　艺术	课时	30min
活动准备	关于端午节童谣的视频		
重点区域	语言区：提供有关端午童谣的图片、绘本等，引导幼儿阅读		
过程环节			**时长参考**
环节一：欣赏童谣，理解主要内容 今天老师带来一首非常好听的童谣，请大家认真欣赏。 你听到童谣里讲了什么吗？ 这首童谣讲的是端午节习俗，有插艾叶、饮雄黄酒等。现在我们一起来看一个视频了解一下。 根据幼儿的讨论、交流情况，帮助幼儿理解"插艾叶、饮雄黄酒"等端午节传统习俗内容			5min
环节二：学习童谣，了解拍手游戏的玩法 1. 幼儿尝试学唱童谣。 2. 配合拍手动作，激发朗诵兴趣。 **在表演童谣时，你会加上什么动作呢？谁来试试看？** 教师进行示范，幼儿两两结伴，尝试一边拍手一边唱童谣，最后请1～2对幼儿上台表演			5min

续表

过程环节	时长参考
环节三：教师引导幼儿迁移端午节习俗，尝试续编童谣 今天我们都是小小表演家。我们都知道这首童谣讲的是端午节，但是端午节不仅有插艾叶、饮雄黄酒，还有很多其他的习俗。我们可以一起开动小脑袋，把其他端午习俗加入我们的童谣中，我们尝试把这首童谣补充完整，然后跟着我们的节奏加上拍手动作一起表演吧！ 参考： 五月五，是端阳。（放纸鸢、饮蒲酒）。 （采草药、挂艾草）。（赛龙舟、饮雄黄）。 龙舟下水喜洋洋。	15min
环节四：幼儿展示创编的童谣，师生共同欣赏 1. 记录并欣赏幼儿创编的童谣。 2. 教师总结。 小朋友们都开动了自己的小脑袋，尝试续编了这首好听的童谣。相信大家都从这首轻快的童谣中感受到了端午节的气氛。让我们回家和爸爸妈妈一起边拍手边歌唱这首童谣	5min

活动建议

　　本次活动的重点是让幼儿从续编中体会到端午节的氛围，从而感受到编写的乐趣。教师应在幼儿编写时，给予提示和引导，如可以把童谣原本的习俗换成不一样的习俗，或适当地举一些简单的例子帮助幼儿开拓思维。例如，五月五，是端午，龙船下水人跳舞。

资源参考

　　1. 视频资源：

　　（1）端午节习俗。（略）

　　（2）童谣视频。（略）

2. 童谣：

五月五，是端阳。

插艾叶，挂香囊。

五彩线，手腕绑。

吃粽子，饮雄黄。

龙舟下水喜洋洋。

艺术：鼓励幼儿创编童谣并加入动作。

幼儿和家长分享童谣。

活动2　学讲端午故事

活动目标	1. 了解端午节的来历和相关习俗，知道屈原的故事。 2. 愿意安静倾听故事，并能对故事情节进行简单的讲述。 3. 通过活动加深对传统文化的认同感		
涉及领域	健康 **语言** 社会 科学 艺术	**课时**	30min
活动准备	端午节习俗照片		
重点区域	语言区：提供有关端午节的图片、绘本、影像资料等，引导幼儿阅读、欣赏		

过程环节	时长参考
环节一：观看照片，了解我国端午节习俗 大家知道五月初五是什么节日吗？ 那你知道端午节会做哪些事情呢？ 请幼儿观看有关端午节习俗图片并分享	4min
环节二：了解端午节来历 在端午节的时候，人们有赛龙舟、吃粽子的习俗。你们知道为什么要在端午节做这些事情吗？让我们从小视频中寻找答案吧！ 从故事中你听到了什么？谁能来说一说？ 屈原是我国古代伟大的爱国诗人。他是一个很了不起的人，当时的人都很敬佩他。他创造的"楚辞"文体在我们国家的历史上独树一帜，对后人产生了深远的影响	5min
环节三：幼儿完整听屈原的故事并在教师引导下复述 通过故事，大家知道了包粽子、赛龙舟是为了纪念屈原。那大家知道为什么要纪念屈原吗？我们一起来听故事吧！ 当时，屈原看着自己的祖国被侵略，但是始终不忍舍弃自己的祖国，在五月初五这天投江而死。传说屈原死后，百姓们非常伤心，都到江边去凭吊屈原。	18min

续表

过程环节	时长参考
渔夫们划起船只（肢体语言），在江上来回打捞他的身体。有位渔夫拿出为屈原准备的饭团、鸡蛋等食物，"扑通、扑通"地丢进江里，说是让江里的鱼龙虾蟹吃饱了，就不会去咬屈原的身体了。一位老医师拿来一坛雄黄酒倒进江里，说是要用药酒迷晕蛟龙水兽，以免它们伤害屈原的身体。后来，因为怕饭团被蛟龙吃了，人们想出用楝树叶包饭，外面缠上彩丝，于是发展成粽子。在这以后，每年的五月初五，就有了龙舟竞渡、吃粽子、喝雄黄酒的风俗，以此来纪念屈原。 听了屈原的故事，你们能尝试把刚才的故事说一说吗？大家可以先在脑海里想一想，再和大家进行分享	18min
环节四：教师小结，引导幼儿发掘更多传统文化 小朋友讲的故事真精彩，端午节是我国的传统节日之一，在其他传统节日中，还有许多不一样的故事。你们可以跟爸爸妈妈一起寻找传统节日背后的故事，带回幼儿园和大家一起分享	3min

1. 教师在讲述屈原故事的时候，可以结合具体的词语用肢体语言或者象声词表达，如"扑通、扑通"，从而让幼儿印象更加深刻，更好地理解屈原的故事。

2. 本次活动的重点在于培养幼儿复述或讲述的能力。教师可以在幼儿出现困难时给予帮助。

资源参考

1. 图片资源：环节一——端午节习俗。

2. 视频资源：端午节的由来。（略）

延伸活动

语言区：寻找传统节日背后的故事并分享给小伙伴。

亲子活动

幼儿给家长复述屈原的故事。

活动3　粽子飘香

活动目标	1. 认识包粽子的各种材料，知道粽子的营养价值，了解端午节吃粽子的文化习俗。 2. 学习包粽子的步骤，尝试掌握包粽子的方法。 3. 体验包粽子和与同伴分享的乐趣		
涉及领域	**健康**　语言　社会　科学　艺术	课时	25min
活动准备	1. 粽子及包粽子的材料的图片。 2. 包粽子的步骤图。 3. 包粽子的材料，如粽叶、草绳、糯米、咸鸭蛋、板栗、红枣等		
重点区域	美工活动区：在该区域展示包粽子的步骤图并提供辅助材料（如粽叶等），引导幼儿跟着步骤图尝试包粽子		
过程环节			时长参考
环节一：听故事，了解吃粽子的传说 讲述吃粽子的传说故事。 你们知道端午节这一天为什么要吃粽子吗？ 我们一起来听一段故事，了解粽子的故事			2min
环节二：认识包粽子的各种材料及经验分享 1. 教师展示粽子和包粽子的材料及图片。 图上展示的是什么？它是什么形状？ 你吃过的粽子是用什么材料做的？ 你知道为什么要用这些材料包粽子吗？ 粽叶清香，糯米好吃，豆子、花生、蛋黄等含有丰富的营养物质，棉线、粽叶条卫生、牢固。 2. 经验分享。 你吃过哪些口味的粽子呢？里面有什么？ 教师根据幼儿回答展示对应的图片。 3. 教师总结： （1）从粽子的馅料来分，有白粽、肉粽、赤豆粽、枣粽等。 （2）从粽子的味道来分，有原味粽（碱水粽）、甜粽、咸粽等			5min

续 表

过程环节	时长参考
环节三：学习包粽子 1. 出示图片，了解包粽子的步骤。 2. 教师示范包粽子的方法。 现在我们一起来学习包粽子吧。先将粽叶握拢成圆锥状，粽尖向下，不能有漏孔，包裹好粽叶。先放一些糯米，再把豆子、咸蛋等各种馅料放在中间，然后盖上糯米，双手将粽叶往中间包裹好，最后用棉线或粽叶条包扎好。 3. 指导幼儿尝试包粽子。 4. 展示成果。教师肯定幼儿的劳动成果，表扬包得认真、包得好、包得牢的幼儿。 5. 教师总结： 小朋友们这节课收获满满，知道了包粽子需要的材料，也掌握了包粽子的技能。请你们把自己包的粽子带回家，让家人煮熟后一起品尝	18min

活动建议

　　本次活动的重难点是幼儿学习包粽子。由于大班的幼儿年龄尚小，动手能力还不够强，在幼儿包粽子的过程中，可能会出现较多问题，教师需要较为耐心细致地指导。教师应提前熟悉包粽子的流程，也可邀请家长到幼儿园辅助指导。

资源参考

　　1. 吃粽子的传说。

　　端午节为什么要吃粽子？这个传说起源于公元前340年，爱国诗人屈原怀着亡国之痛，于五月初五投江自尽，百姓纷纷来到江边奋力打捞。人们为了不让江里的鱼虾吃他的身体，纷纷把饭团、鸡蛋投入江中，老医师还把雄黄酒倒入江中，以便药昏蛟龙水兽，使他的身体免遭伤害。从此以后，每年的五月初五人们都到江上投粽子、划龙舟，以此来纪念这位伟大的爱国诗人。

　　2. 粽子的种类。

　　粽子，也称角黍、简粽、口粽粑等。粽子的馅料和种类根据各地特产与风俗而定，著名的有桂圆粽、肉粽、水晶粽、莲蓉粽、蜜饯粽、板栗粽、火腿粽、咸蛋粽、龙粽、迷你粽、艾香粽等。

3. 图片资源：

（1）环节二——粽子图片。

（2）环节二——包粽子的材料。

（3）环节三——包粽子步骤图。

将两片粽叶重叠　　　　　将两片粽叶折叠成漏斗　　　中间加两片粽叶

加糯米、豆子

加猪肉块、冬菇

两边粽叶交叠

继续把粽叶交叠

继续把粽叶交叠、整理

用绳子绑粽子

将粽子绑紧

打结

粽子完成

 延伸活动

　　在美工活动区提供轻黏土、卡纸、蕉叶等多种材料，供幼儿制作不同材料的粽子。

亲子活动

　　幼儿把自己包的粽子带回家，与家人一起品尝自己的劳动成果。

活动4 认识艾草

活动目标	1.通过观察、感知认识艾草，了解其基本特征和生长环境。 2.能大胆探究艾草的食用、生活、药用等多种用途。 3.感受艾草的神奇以及与人们健康生活的关系，萌发对艾草的兴趣		
涉及领域	健康 语言 社会 科学 艺术	课时	30min
活动准备	1.幼儿前期进行关于艾草的调查问卷。 2.实物艾草一把、插艾草的图片。 3.教学课件：艾草的价值视频		
重点区域	美工区：提供艾草让幼儿在区域活动中用艾叶创作		
过程环节			时长参考
环节一：出示图片，引起幼儿活动的兴趣 过端午节时，人们在大门和窗上挂什么？这些艾草是从哪里来的？ 教师小结： 艾草也称艾蒿、医草、五月艾等，是一种多年生草本植物，生长于路旁、草地、荒野等处			3min
环节二：出示艾草，引导幼儿观察其外形特征 艾草是什么样子的？ 教师小结： 艾草是多年生草本植物，高45～120厘米。茎直立，质硬，茎上有灰白色软毛，从中部以上分枝。单叶，互生；叶片椭圆形，羽状，边缘锯齿形，叶子上面暗绿色，少有白色软毛，叶子下面灰绿色，有密集的灰白色绒毛；近茎顶端的叶无柄			5min

过程环节	时长参考
环节三：引导幼儿根据问卷收集的信息资料，讨论交流艾草的生活、食用、药用等多种用途 1.引导幼儿交流端午节插艾草的由来，知道艾草驱蚊蝇、净化空气等生活用途。 我们为什么要在端午节插艾草？ 教师小结： 每到端午节，按照民间传统，家家户户门前都要挂上艾叶，据老辈人说，这是为了"辟邪"，但更重要的是为了驱蚊蝇、虫蚁，净化空气。所以，端午节也有"卫生节"之称。夏天的晚上，当我们在院子里乘凉时，可将晒干的艾蒿点燃，散发出来的烟雾可以迅速将蚊子熏跑；可将艾蒿加水浸泡，用来拖地；也可将其煮成温水，涂抹到身上，起到驱蚊的作用；在房间里挂一根阴干的艾条，同样能起到驱除蚊子、飞蛾、虫子的作用。 2.利用教学课件，引导幼儿了解艾草的药用价值。 艾草还有哪些用途？ 引导幼儿交流收集的信息资料。 教师小结： 艾草预防瘟疫已有几千年的历史，艾叶是一种广谱抗菌、抗病毒的药物，它对好多病毒和细菌都有抑制与杀伤作用，还具有镇咳及祛痰、止血等作用；艾草能够治疗各种炎症；艾叶浴、艾叶泡脚能祛寒、除湿、通经络。 3.了解艾草的食用价值。 艾草可以吃吗？艾草可以做哪些食物？ 教师小结： 艾草可做艾叶茶、艾叶汤、艾叶粥等食物，能增强人体对疾病的抵抗能力	17min
环节四：制作"艾叶作用大"宣传画 我们的家乡周围很多地方生长着艾草，它的作用这么大，可是有很多人并不知道，我们把这些知识告诉更多的人，让艾草帮助我们解决生活中遇到的一些问题。让我们来为它制作一幅宣传画向大家宣传吧！ 鼓励幼儿向身边的朋友宣传，珍惜我们身边的宝贵资源	5min

活动建议

1. 本次活动的重点是认识艾草的特征及多种用途。

2. 教师应让幼儿与家长先收集相关的资料，共同了解艾草，为活动的顺利

开展做准备。

3. 在活动过程中，教师要充分准备，让幼儿通过实物的观察及操作提高对艾草的认识和了解。

1. 图片资源：环节——插艾草。

2. 视频资源：艾草价值介绍。（略）

生活区：提供艾草供幼儿制作艾条，榨艾草汁做面团制作食物等。

请家长和幼儿一起用艾草制作食物。

活动5　制作香囊

活动目标	1.进一步了解端午节戴香囊的习俗活动，认识香囊制作材料。 2.能通过观察制作香囊，学习使用不同小工具，促进手部精细动作的发展，培养动手能力。 3.体验制作香囊的过程，激发对生活的热爱

涉及领域	健康　语言　社会　科学　艺术	课时	30min

活动准备	1.各种香囊的图片、戴香囊的图片、制作香囊的步骤图或视频。 2.各种干花、干艾叶、中草药等。 3.各种花布、五彩绳、粗针、线及装饰小物品

重点区域	美工区：在该区域投放制作香囊的材料，供幼儿进行香囊制作

过程环节	时长参考
环节一：出示图片，引入主题 1.观察香囊，回顾香囊的作用。 我们一起制作过香包，大家还记得吗？其实香包也叫香囊，端午节人们为什么要戴香囊？谁能和大家分享一下？ 教师小结： 佩戴香囊，一方面象征屈原的品德节操将馨香溢世，流芳千古；另一方面又能起到驱瘟避疫、强身健体的作用。 2.了解香囊的不同形状，激发制作香囊的兴趣。 图片上的香囊是什么形状的？有什么图案和配饰？ 教师小结： 香囊的形状多种多样，有圆形、心形、圆柱形、葫芦形、锥形等，色彩鲜艳，装饰美丽。香囊主要由吊绳、香包袋、吊坠三部分组成	3min

过程环节	时长参考
环节二：讨论制作过程 1. 出示教师制作的香囊，让通过幼儿看、闻、摸来了解香囊。 谁来说说你闻到的香囊有什么味道？制作香囊需要哪些材料？ 2. 教师出示准备好的各种材料。 怎样使用这些材料？ 3. 出示制作香囊的步骤图或视频。探讨制作香囊的方法和步骤，了解制作香囊的基本流程。 首先要根据自己想制作的香包形状裁剪布料进行缝合，然后安装吊绳、制作吊坠，最后在香包里装上艾草、干花等香料。 制作香囊要注意什么？ 教师小结： 制作香囊是要注意正确使用针和剪刀，针和剪刀不能对着小朋友，要注意安全，避免扎伤	5min
环节三：制作香囊 你会制作什么形状的香囊？ 让我们分组一起来制作香囊吧！ 播放轻音乐，教师巡视指导，在幼儿制作香囊的过程中，当幼儿遇到困难时给予帮助	17min
环节四：共同欣赏、评析作品 1. 幼儿展示并讲述自己的作品。教师重点引导幼儿讲出制作过程。 2. 引导幼儿互相评价，主要在观察评价中感受作品的美、造型及新颖的创造想象	5min

活动建议

1. 小班阶段也设计了关于制作香囊的活动，其更侧重于利用简易材料制作，而本次活动主要侧重于裁剪布和缝制，难度更高。

2. 教师应让幼儿充分了解制作香囊的方法及步骤后进行制作。在制作过程中，一定要注意用针、剪刀的安全，避免伤害事故。

3. 在活动过程中，教师要充分准备，让幼儿通过实物的观察及操作提高对香囊的认识。

资源参考

1.图片资源：环节———香囊照片。

2.视频资源：香囊制作视频。（略）

3.音频资源：轻音乐。（略）

延伸活动

在美工活动区放置制作香囊所需的材料，让幼儿制作不同图案的香囊。

亲子活动

幼儿回家教爸爸妈妈制作精美的香囊。